歴史認識
「長州嫌い」の
150年

呪われた明治維新

星 亮一
Ryoichi Hoshi

さくら舎

はじめに

会津《あいづ》人の長州《ちょうしゅう》嫌いは、つとに有名である。

どんなに努力しても、誰が中に入っても仲良くはするが仲直りはしないと語る。

原因は、白虎隊《びゃっこたい》の悲劇で知られる会津戦争である。幕末、京都守護職として京都に駐留した会津の侍たちは、長州藩の尊王攘夷《そんのうじょうい》や討幕派《とうばくは》の集団と激しく争い、最後は会津鶴ヶ城《つるがじょう》での決戦となった。会津軍は連発銃を持つ薩長《さっちょう》軍に押しまくられ、三千人もの死者を出し、街は分捕りで完全に破壊され、

「古今未曾有ノ侵掠ナリ」

と記録にあった。

はやいもので二〇一八年に明治維新百五十年を迎える。薩摩《さつま》（鹿児島）、長州（山口）、土佐《とさ》（高知）、肥前《ひぜん》（佐賀）が平成の薩長土肥《さっちょうとひ》連合を結成、明治国家は我々がつくったと一大キャンペーンをスタートさせた。これに負けじと会津若松でも戊辰《ぼしん》戦争百五十年に向けての準備会を発足した。

明治維新から百五十年、日本人は本当に幸福だったのか。会津の人々は懐疑《かいぎ》的だ。

「司馬遼太郎《しばりょうたろう》先生は明治維新を高く評価されているが、我々会津人は長い間、賊軍の汚名を着せられ、名をなすには軍人になるか教育者になるしかなかった。日清、日露戦争で会津人は多くの戦死者を出し、昭和に入ると、教員は教え子に軍国教育を強いて太平洋戦争を正当化した。明治維新百五十年、我々はどうしても長州嫌いになりますね」

友人の一人が言った。会津若松の広告代理店「企画キャップ」の庄司裕さんである。彼は早稲田の政経学部で学んだリベラルな人間だが、どう考えても長州とは手を握れないという。

その理由はいくつもある。京都における謀略の数々、戦争に道義を求める気はないが、会津城下での略奪行為、戦後処理のまずさ、数え上げたらきりがないというのである。

女性方の強い反発も見逃せない。

その背景にあるのは長州の最強部隊、奇兵隊が会津で行った略奪暴行である。これまで会津の人々は、こうした蛮行《ばんこう》をあからさまに取り上げることは避けてきたが、様子が違ってきた。

なぜなのか。全国的に明治維新再検討論が強まり、会津戦争の深層を知りたいという人が、増えてきたことも原因の一つになっている。

そればかりを論じる時代ではない。和解を考えるべきではないかという声もある。

和解派は、会津の偉人、白虎隊士から東京大学、京都大学、九州大学総長をつとめた教育界の大御所、山川健次郎《やまかわけんじろう》が、長州藩士奥平謙輔《おくだいらけんすけ》の世話で勉学の機会を得、薩摩藩士黒田《くろだ》清隆《きよたか》の推薦で米国エール大学に留学したではないか、と主張する。

一方、青森の会津人は会津武士の本流は我々だと主張し、過去に青森県知事を四期務めた北村正哉《きたむらまさや》も輩出、すこぶる結束が固い。この方々が反対である限り、和解は困難である。

たしかに青森県の会津人の方々の苦難の歴史は、涙なしには聞くことが出来ない。二十年ほど前、私が下北《しもきた》に取材に出かけた時、斗南《となみ》会津会の方が、「お墓が見つかった」と言って案内してくださったことがある。

道端の山中にその墓があった。墓石もない土饅頭《どまんじゅう》だった。

「掘り起こしてみたら親子三人が埋葬されていた。病気だったのか、雪でつぶれたのか、かわいそうで、かわいそうで」

その人は、土饅頭にひざまずいて号泣した。

周囲に医者もいないし、埋葬するにも金がなかった。近所の人が見るに見かねて埋めてくれたに違いなかった。

下北に流罪となった会津人の記録を見ると、大雪で小屋がつぶれ、圧死した人が何人もいた。

下北の会津人は無論だが、会津の人々は会津人を流罪に処した長州の暴挙を非難し、吉《よし》田松陰《だしょういん》や高杉晋作《たかすぎしんさく》をテロリストと呼んではばからない。

唯一、木戸孝允《きどたかよし》に逆らい、萩《はぎ》の乱で倒れた前原一誠《まえばらいっせい》と奥平謙輔《おくだいらけんすけ》だけは別である。会津人は二人を尊敬してやまない。

ただやみくもに長州を嫌っているわけではない。

会津人は萩に行くと奥平謙輔の墓に詣で、その温情に涙を流す。あとはすべてノー。吉田松陰、高杉晋作、木戸孝允、伊藤博文《いとうひろぶみ》、山県有朋《やまがたありとも》、皆嫌いである。安倍総理もその系列に入る。

安倍総理が第一次安倍内閣の時代、選挙の応援で、会津若松で遊説したことがあった。

「私は長州の安倍晋三です。先祖が皆さんに大変ご迷惑をかけた」

と街頭で演説した。

「これは前向きに捉えてもいいのでは」

と、私は当時の会津若松市長の菅家《かんけ》一郎《いちろう》さんに問いかけた。

「白虎隊の墓前に頭を下げ、謝罪しなければだめだ」

菅家さんは強い口調で否定した。

菅家さんは現在、自民党の衆議院議員である。

安倍さんは気配りがたりない。側近が悪いと下関在住の直木賞作家古川薫《ふるかわかおる》さんがおっしゃった。

私はある時期、直木賞作家の早乙女貢《さおとめみつぐ》さんと、お付き合いさせていただいた。日本ペンクラブにも入会し、毎月お会いしていた。

一緒にテレビ番組をつくり、中国や台湾にも旅行した。

「私は長州の古川君とは昵懇の付き合いをしている。長州で気の合う人物は、彼だけだよ」

と言ったことがある。早乙女さんも鬼籍に入り、強烈な薩長批判を聞くことが出来なくなったのは寂しい。

早乙女さんは『日本をダメにした明治維新の偉人たち』（山手書房）という本を書いている。中身は強烈だ。

「薩長の志士はテロリストだ」と、凄い迫力だった。

なんでも賛成、長い物には巻かれろの時代だが、「ならぬものはならぬ」と孤高を守る集団が、日本にも存在することを改めて知る必要がありそうだ。

さてもう一つ、長州嫌いという歴史認識について一言、加えておきたい。長州嫌いは、東京以北で圧倒的に強い。会津と並んで朝敵とされた山形県の庄内地方もそうである。

幕末、庄内藩は江戸市中警備の任にあった。その時、薩摩の西郷隆盛《さいごうたかもり》が徳川慶喜《とくがわよしのぶ》を戦場に引きずり出すために、江戸藩邸に浪人を集め、放火や強奪を繰り広げた。庄内藩は、薩摩の江戸藩邸に砲撃を加えた。職務上、当然のことだった。

だが会津と並んで朝敵の汚名を着せられ攻撃の対象とされた。後日、西郷が庄内に乗り込み、会津若松に転封を命じ、その後いわき平への転封案も出たが、酒田の豪商本間家が拠金し、庄内にとどまることができた。公家にも大金がばらまかれ、支払った金は八十万両近い大金だった。

岩手県の南部《なんぶ》藩も反薩長だった。戊辰戦争のとき少年だった原敬《はらたかし》は、打倒薩長を心に誓い、長州の山県有朋を乗り越えて薩長閥以外で初の内閣総理大臣となった。原敬は盛岡に帰り、戊辰戦争は政見の違いで起こったもので、官軍も賊軍もないと声明を出した。

明治維新百五十年、この歴史認識も、いまだ決着を見ていない。この問題は最後の将軍、徳川慶喜の優柔不断さにも大きな責任があった。歴史家松浦玲《まつうられい》さんの表現によれば、江戸時代は徳川家の許可なしに誰も土地と人民を支配できなかった。天皇と公家は、江戸幕府の統制と保護のもとに、京都でままごと遊びをさせてもらうだけだった。江戸幕府こそが王朝であり、徳川将軍は、対内的にも対外的にも日本国王だった。

それがどうして徳川慶喜が一瞬にして京都を追われ、会津や庄内、長岡、盛岡、仙台などに多大の迷惑をかけてしまったのか。

慶喜は京都が混迷に陥ったとき、会津藩主松平容保《かたもり》を連れて、さっさと江戸に戻るべきだったかもしれない。京都にとどまっていたために公家や西郷、木戸孝允のクーデターに遭い、将軍をやめさせられ、裸同然で逃げ帰る始末になってしまった。

情けないというか、あまりにも無様な姿だった。

京都にとどまるのであれば一転、薩長と決戦を挑むべきだった。優柔不断な慶喜によって東北諸藩は朝敵の烙印を押されたまま、百五十年を経過してしまった。

とにかく幕末維新の歴史はすべて再検討すべきである、これも明治維新百五十年の課題であろう。

星亮一

二〇一七年三月

◆目次　呪われた明治維新――歴史認識「長州嫌い」の150年

呪われた明治維新

——歴史認識「長州嫌い」の150年

1　会津に残る薩長の略奪暴行の記録

会津人の天敵・山県有朋

会津人の天敵といえば、長州奇兵隊と、それを率いて会津に攻め込んだ山県有朋《やまがたありとも》である。山県は天保《てんぽう》九年（一八三八）、長州萩《はぎ》に生まれた。生家《せいか》は下級武士。平凡な時代であったならば、立身出世《りっしんしゅっせ》は望むべくもなかったが、激動の時代である。吉田松陰《よしだしょういん》の松下村塾《しょうかそんじゅく》に入り、さらに高杉晋作《たかすぎしんさく》の奇兵隊で腕を磨き、革命の旗手《きしゅ》として出世街道を歩み始めた。

戊辰戦争では北陸道口鎮撫《ちんぶ》総督《そうとく》兼会津征討口の総督参謀として、奇兵隊を率いて長岡《ながおか》や会津若松の戦闘を指揮した。

山県の最大の目的は、抵抗勢力の首魁《しゅかい》である会津藩を殲滅《せんめつ》することだった。長岡を力ずくで帰順《きじゅん》させ、新潟から阿賀野川《あがのがわ》ぞいに会津に侵攻、奥州街道《おうしゅうかいどう》から会津攻撃を目指す薩摩の伊地知《いじち》正治《まさはる》の部隊を出し抜くことだった。

長州と薩摩の先陣争いである。

そこに立ちはだかったのが、長岡藩だった。

長岡藩七万四千石、城主は牧野氏。

藩是に「常在戦場《じょうざいせんじょう》」の四文字をかかげ、「貧乏は士の常」、「鼻ハ欠くとも義理を欠くな」、「武士の義理、士の一分を立てよ」、「士の魂ハ清水で洗へ」など質実剛健な藩風を誇っていた。

家老の河井継之助《かわいつぎのすけ》は、会津藩家老梶原平馬《かじわらへいま》と昵懇《じっこん》の仲だった。

「勝負はこれからですな」

河井は梶原を慰《なぐさ》め、江戸無血開城後、二人は、横浜の武器商人スネル兄弟から武器弾薬を購入、蒸気船を雇って箱館経由、新潟港着で帰国した。

梶原は新潟から阿賀野川経由で会津若松に戻った。大胆な行動だった。

薩長軍が越後《えちご》に迫るのはその後、間もなくである。

河井は会津征討軍が本陣を構える小千谷《おぢや》の慈眼寺《じげんじ》へ赴き、平和的解決のため会津との調停役を願い出た。

しかし、密偵《みってい》や草莽《そうもう》の情報により長岡藩を会津側とみなしていた山県は、これが時間稼ぎの策と断定し、会おうとせず河井を追い返した。

「かくなる上はやむなし」

と河井は決戦の意志を固め、藩論を抗戦と定め、奥羽越列藩同盟《おううえつれっぱんどうめい》に加盟、長岡藩軍事総督として薩長軍との戦闘に突入した。北越《ほくえつ》戦争である。

開戦早々、山県は参謀の時山直八《ときやまなおはち》を失い、河井に翻弄され、一時は越後から撤退を考えたほどだった。しかし長岡城の攻防戦で河井が重傷を負い、新発田《しばた》藩が列藩同盟を離脱、薩長軍に加わり、新潟港を奪ったため、形勢は逆転。

河井は会津に向かうため、八十里峠《はちじゅうりとうげ》を越え会津領只見《ただみ》までたどり着いたところで、病状が悪化し息を引き取った。

会津攻撃を目指す山県は焦っていた。河井の激しい抵抗に遭い、会津進攻が大幅に遅れていたためである。

伊地知正治率いる薩摩軍は奥州《おうしゅう》街道を撃破し、二本松城を奪い、会津国境に近づいていた。

このころ山県の長州奇兵隊は、ようやく会津国境の津川《つがわ》にたどり着いた。しかしここを流れる阿賀野川は急流で橋もなく、舟もなかった。会津軍は断崖絶壁の上に陣地をかまえており、手も足も出ない。

会津vs.長州の休戦日

山県は舟の手配で一時、新発田に戻り、やむをえず一時休戦となった。敵と味方が川を挟んで会話を始めた。その模様を奇兵隊の隊長、三浦梧楼《みうらごろう》（五郎）が『観樹将軍回顧録』（中公文庫）に記録している。

「会津さん」

と呼びかけると、

「やあ長州君」

と言って会津も出て来た。

「撃つのはわけもないが、可哀想だからゆるしてやるぞ」

「いいだろう」

と会津が答え、時ならぬ友好の時間となった。そこで、

「さあ一拳やろう」

と互いに藤八拳《とうはちけん》で勝負を競い、勝った負けたと爆笑した。藤八拳というのは二人が相対して勝負を決めるもので、両手を開いて耳のあたりに上げるのを狐、ひざの上に置くのを庄屋、両手を前に突き出すのが鉄砲と決まっていて、狐は庄屋に、庄屋は鉄砲に、鉄砲は狐に勝つという決め事だった。

今は知る人は皆無に等しいが、当時は全国的に流行っていたらしい。この藤八拳を延長していけば、休戦もあり得たかもしれなかった。

日露戦争の時、２０３高地では遺体収容のために休戦日があった。

ほどなく会津軍は籠城戦のために引き揚げたので、長州兵は川を渡り、会津若松への道を急いだ。

長州軍の軍勢は雑兵を入れ、その数は、千人とも二千人以上ともいう。長州側になぜか正確な記録がないので詳細が分からない。

会津兵の姿が見えないので長州兵は、身の危険を感じることなく進撃することが出来た。戦いのない日は略奪だった。手当たり次第に民家を襲い、分捕り競争だった。

高杉晋作が決めた奇兵隊の軍律は、

「盗ミヲ為ス者ハ殺ス、法ヲ犯ス者ハ罪」

という高杉の性格そのままで、これを厳格に実行し、切腹、断罪が相ついだといわれているが、戊辰戦争のように長期戦になれば、それを守るのは無理だった。

薩長のむごい略奪

戦争が日常茶飯事に行われた戦国時代は、戦争がはじまると、人々は家具、家財、農機具、家畜、食糧、大切な種もみなどを庭先に穴を掘って埋め、山に隠れた。

武士も同じように出征するときに庭の穴に鎧兜、刀剣、金貨、掛け軸、絵画などを隠し、戦場にでかけた。

大学の先輩、藤木《ふじき》久志《ひさし》氏の作品、『戦国の村を行く』『飢餓と戦争の戦国を行く』『雑兵たちの戦場』(朝日選書)に、戦争と民衆の姿が詳細に描かれている。それによると、天正《てんしょう》十四年(一五八六)十月、島津《しまづ》軍に襲われた豊後《ぶんご》の臼杵《うすき》城は避難した村人であふれた。村人は米、衣類、台所用品などを地中に埋め、女たちは、我が子だけは助けようと、泣きながら城に逃れた。

城内はすぐ食べ物もなくなり、小さな井戸はすぐ枯れてしまい、乳児と幼児は飢えと寒さで泣き叫んだ。

城は三日で落ち、島津軍は婦女子三千人を拉致した。庶民はそうした体験から家財道具を地下に埋めて山に逃れるようになった。

戊辰戦争でも、敵兵にものを略奪されないように、穴を掘って地下に埋め、山中の炭焼き小屋に逃れた人が多かった。

敵兵は、集落に入るとまず屋探しをし、食糧、鍋釜、家畜なんでも盗み、庭に水を撒《ま》いて、しみこむ速さによって、たちまち隠した穴を見つけ出し、残らず持ち去った。

一般の兵士の給料は微々たるものだったので、兵士たちは戦利品を出来るだけ多く集め、大八車《だいはちぐるま》に積んで新潟や白河《しらかわ》に運び、泥棒市場で換金した。荷物運びの人夫《にんぷ》を街道筋から強引に徴発《ちょうはつ》した。

会津若松に進駐してきた部隊の半分は農民だった。会津若松周辺の農民は、会津軍と薩長軍の両方からこき使われた。

増戸治助聞書

猪苗代湖《いなわしろこ》の周辺、湖南《こなん》地方に貴重な証言が数多く残っている。

これは湖南の増戸治助《じすけ》が祖父から聞いた話の概要である。

村の男たちは最初、会津藩の人夫として働き、籠城戦に入ってからは、薩長軍に徴発され、会津城下で弾薬や食糧の運搬、分捕りの手伝いなどをさせられた。

湖南には御霊櫃《ごれいびつ》峠、三森《さんもり》峠、諏訪《すわ》峠、鶏《にわとり》峠、勢至堂《せいしどう》峠などがあり、これらの峠の総本部は湖南の宿場町三代《みよ》にあり、農民たちもここに詰めて、戦況を見守った。

会津軍の最初の戦場は白河だった。総督西郷頼母《さいごうたのも》、副総督横山主税《よこやまちから》、砲兵隊長小原卯右衛門、朱雀寄合《すざくよりあい》一番隊長小森一貫斎《こもりいっかんさい》、遊撃足軽隊長小池周吾ら千人以上が湖南から出撃したが、大敗を喫し、湖南に引き揚げ、白河奪還を目指して反撃を試みていた。

そのうちに地区ごとに農兵隊が編制された。

浜路隊は「一」、横沢隊は「十」、舘隊は「百」、舟津隊は「千」、中地隊は「万」を旗印とし、刀を差し、竹やりを持って訓練した。

会津の農民は、戦争に協力しなかったという説もあったが　そうではなかった。会津軍が敗れて後退すると、村の男たちは、攻め込んできた薩長軍の人夫となって働いた。

会津落城後は分捕り隊に変身、「官軍の命により分捕品」と称して、盗品を馬につけ自分の家へ運んだ。婦女子は危険をおそれて山中にかくれた。

永久記（湖南町・安藤市郎家文書）

八月二十一日に石筵《いしむしろ》の母成《ぼなり》峠が破れ、会津勢が残らず御霊櫃《ごれいびつ》峠を引き払った。二十四日、官軍が進攻し十五歳より五十九歳までの男をさしだせと命じられた。

白米四斗俵一俵を二人で会津若松まで運んだ。馬は三斗俵二俵だった。実に難渋至極《なんじゅうしごく》だった。

村々焼失し、飯を炊く所もなく、生米をかみ夜は野宿、ようやく会津若松へ着いたら、大筒《おおづつ》小筒《こづつ》の打合、昼夜引きも切らず、百万の雷よりも恐ろしく天地も崩れたかの如くだった。

道筋には見張番所何か所もあり、勝手に戻ることはできなかった。官軍兵の死骸の取りかたづけ、兵糧《ひょうろう》や弾薬運び、穴掘りなどさせられた。男たちが、何か不平がましいことを言うと、官軍兵は、

「そげんの事を申すと薩州候に申しあげるぞ」

とにらんだ。

九月二十二日　会津降参になったが、会津の頑強さに官軍もあきれはて、あと十日で落

城しない場合は、引き揚げるという声もあった。

城中では、昼夜ともに時の鐘をつき、誠に男らしい有様に見えた。降参はしたが、大日本三番の名城と人々は皆感心した。

この記録は小原覚右衛門編著『戊辰戦争会津東辺史料』に収録されている。

会津乱世日記

この日記は会津城下三之町角で薬種問屋《やくしゅどんや》を営んでいた松崎平右衛門が薩長軍の分捕りの模様を記述したもので、以下はその要約である。

落城後、自宅に戻ると土蔵がこじ開けられ、しまっておいた脇差三腰、四冊目の年中日記帳、松﨑文助再建記、大小時正金録帳、年中音信帳、薬種捌帳三冊に略伝記の二冊目、その他書付等品々分捕りに遭い、諸証文、諸書付、色々の物、煉薬膏薬《こうやく》類の瀬戸物類、瀬戸物類は残らず壊れた薬類が打ち交じり、目も当てられぬ有様だった。

差し当たり必要な薬品も分捕られてしまい、その上秤《はかり》類は一挺も無くなり、これには困り果てた。薬研《やげん》、庖丁残らず、窓の桐のはめ戸、すかし戸、金物類も残らず無くなっていた。

不思議なことに携帯用の薬箱百味箪笥《ひゃくみだんす》類は、残してあったが、当座、必要な薬品、膏薬剤は残らず無くなり、瀬戸物類、南の方の土間へ投げられ壊れていた。

裏土蔵の二階は、衣類、夜具、かやが残らず無くなり、諸道具、器物類、薬品類も、半分以上無くなり、鈴木所左衛門様から預っていた衣類は残らず分捕られた。

長持やたんすは破られ、諸道具の不ぞろい物が二階一杯に散らかされ、足の踏み場も無く、歩くこともできなかった。

人足頭の者が勝手に入り、町内天神宮の旗が引き裂かれ、その上へ唐紙を数枚立て四尺屏風、三尺屏風などを置き、花莫蓙《ござ》を敷き重箱などを置き勝手に滞在していた。人足十人ばかりの者共で、須賀川《すかがわ》在の者とのことだった。人足頭はその者どもに鶏を料理致させ、煮しめや煮豆など、いろいろ拵えさせ毎日、朝より酒を喰らっていた。

店の石臼二ツにて麦の粉、蕎麦粉を人足共に引かせ、折々蕎麦、うどん打たせ喰らいおった。裏土蔵の品々は、大垣の兵隊が江川屋に居る役人のために、分捕りしたものと見え、拙者が江川へ参ると、ふとん、諸道具、屏風類、色々の物があった。

九月二十九日に庄三郎一同が二階下の取散らかし置いた物の内には、薬品類などあり、断わりの上、二階へ運送して二階の戸へ錠前を掛けたが役人に、錠前は取り上げられた。誠に以って心外至極、彼等風情《ふぜい》の者どもに、彼れ是れと申され、いまいましい思いだった。

(『会津史談』86号)

これは分捕りの実態がよくわかる記録だった。

人足《にんそく》も含めて彼等は帳簿だろうが戸障子《としょうじ》だろうが、手当たり次第に略奪した。紙は貴重品、泥棒市で売買された。

もう一つ、大きな問題は婦女子への暴行、監禁、拉致だった。越後から会津に入った長州兵に関連した小梅塚物語という哀話《あいわ》が今に残っている。

悲しき小梅塚

会津歴史研究会の井上昌威《いのうえよしたけ》氏が二〇一四年地元の出版社、歴史春秋社の雑誌『会津人群像』26号に、

「異聞会津戦争戊辰悲話、会津に在る小梅塚（子塚）」と題する長州兵の略奪暴行に関する告発のリポートを発表し、人々を驚かせた。以来、この問題が世間の注目を集め、改めて会津戦争の悲惨さを印象づけた。

その骨子は大要、次のようなものだった。

会津の人々は長州人を憎むと云うがそれには理由がある。

その一つは、明治維新と呼ばれる薩長閥による偽りのクーデター。二つ目は明治元年九

月十一日に山県有朋率いる長州藩本隊が錦旗を奉じて会津領の塔寺村《とうでら》に到着したが、諸藩の参謀から、

「遅い、長州は今頃何をしに来た」

と揶揄《やゆ》されて、東山道鎮撫総督山県有朋は新発田に逃げ帰ったという。（山川健次郎編『会津戊辰戦史』）

その西軍の統制が取れず無秩序になった長州藩の奇兵隊や荷物運びのならず者たちは、会津の村々で強盗三昧、婦女暴行に明け暮れる日々だったと伝えられる。

坂下《ばんげ》、新鶴《にいつる》、高田、塩川の周辺には、人には話せない悲しい伝承が今も密かに埋もれているのである。

若松城下から避難して来た藩士の家族は、地元の農民たちと裏山に小屋掛けをして戦争から避難していた。

留守になった村々では長州のならず者たちが、金目の品を盗み出し大八車に積んで、国元に帰る土産に持ち去った。それは会津の何処でも聞かれる話ではあるが、この地方には人には話せないむごい悲しい話が、秘密裏に伝えられてきた。

長州の奇兵隊士やならず者たちは、山狩りと称して、村人たちが避難した山々を巡り強盗や婦女暴行を繰り返した。

若い娘を見付けると誘拐して、五、六人で押さえ付けて、順番に強姦する。時には家族

の見ている前で事に及ぶこともあった。家族が抵抗すれば鉄砲で射ち殺した。

このような徒党が入れ替わり立ち代わり回って来るのである。

村人が更に山奥に避難しても鬼は必ず回ってくる。酷いのは八歳から十歳ぐらいの二十人もの女児までもが犠牲になったといわれる。

泣き叫ぶ子供に家族は何も出来ずに、後ろを向いて耳を塞いで嵐が去るのを待つしかなかった。

九月二十一日、戦争は弾止めとなり、翌二十二日に会津藩は白旗を掲げ降伏開城して戦争は終わった。

娘たちが妊娠

薩長軍兵士は若松城下に去り、各村には穏やかな日が戻ったが、時が過ぎて、犯された百人を超す娘や子供たちは、その殆んどが妊娠していた。

医者は堕胎をしたが全員とまではいかない。中にはその為に亡くなった娘もいた。

月満ちて産まれた誰の子か判らぬ赤子を、村人はお寺の片隅に穴を掘り生きた侭《まま》で埋めた。

寺の住職も見て見ぬふりをしてくれた。埋葬した村人は小さな塚に小石を載せて目印にした。子を埋めた塚を、村人はそれとなく「子塚」「小梅塚」と呼んだ。

乳が張ってきた娘や子供たちは、自分の小梅塚に乳を絞り与えて、泣いていたと伝えられる。


私は井上さんに詳細を聞いた。

井上さんは「小梅塚物語、資料はありませんが、伝説として残っています。赤子を埋めるのを目撃した人にも話を聞いています」とおっしゃった。

井上さんは以前、鶴ヶ城ボランティアガイド在職中に、長州や薩摩の人も案内した。

ある日、山口県の人から不思議な話を聞いた。

「私の先祖は奇兵隊で長岡の戦争から会津に来たが、国許に沢山土産を持って来た。しかし呼び出されて斬首され首になって家に帰って来た。戦争に勝ったのに軍規違反と云われたが不思議ですね」

というのだった。

長州にも良心のある人間がいたことになるが、戦闘のさなかでは歯止めが利かず、いかんともしがたい部分があったに違いない。

今後の会津と長州の関係について、井上さんは、

「薩摩・長州の方は、戊辰戦争が百五十年も経って戦争は時効だと思われるかも知れませんが、戊辰戦争の善悪を語るなら会津は一歩も退きませんよ。会津藩の武士道は永久に不

滅です」

と語った。これは多くの会津人の共通した意見に違いなかった。

私が見た史料では荒川勝茂《あらかわかつしげ》の『明治日誌』に、

「伊佐須美《いさすみ》社内にて敵、女を裸体になし、斬り殺してありと。その振る舞い、強賊といわざるべけんや」

という記述があった。

会津人が正史と呼ぶ『会津戊辰戦史』（続日本史籍協会叢書）もこうした問題を記述していた。この本は会津戦争のバイブルとされている書籍である。

そこには大要こうあった。

薩長軍という泥棒

一、王師などと称していたが、敵は野蛮な行為がはなはだしく多く、商工農を問わず、家財の分捕りは公然で、大標札を建て、薩州分捕り、長州分捕り、いわく何藩分捕りと記し、男女老幼《なんにょろうよう》を殺戮《さつりく》し、強姦を公然のこととし、陣所下宿に市井《しせい》人の妻娘を捕らえて来て侍妾《じしょう》とし、分捕りたる衣食酒肴《いしょくしゅこう》に豪奢《ごうしゃ》をきわめたことは、当時、人々の目撃したところである。

一、若松愛宕《あたご》町の呉服店及び質店森田七郎右衛門の土蔵は、薩州隊と備前隊で分捕りを争い、薩州隊は自隊の不利を憤り、爆弾を投じて土蔵を破壊し、彼我なんら得るところがなかった。その後、森田はこの焼跡から灰をかき分けて金塊を得たそうである。

一、若松大町より東の町々は早くから西軍の営となり、薩長をはじめ諸藩の隊は家財や焼け残りの土蔵に分捕りの標札を掲げた。避難から立ち返った人々は相当の代償を払って、西軍より家財を買い戻した。しかし遅く帰った者は何もなくなっていて、買い戻すことは出来なかった。

一、分捕りと名づけて土蔵を破り、艱難至極《かんなんしごく》にして途方にくれている人々の品物を盗み取る行為は、まことにもって嘆かわしい限りである。

一、他人の土蔵に入れておいた大釜二組と小釜数個は薩州二番隊の分捕りにあい、大いに驚いて番兵所に出頭し、渡すよう請うと、金六両差し出せという。持ち合わせがなく金を工面して翌日行くと、某村の肝煎山口某の売約済みになっていた。偶然来合わせた肝煎山口某に交渉して、ようやく買い戻すことが出来た。

一、十月十五日ごろ各村に一揆が起こり、農兵は手に手に鋤、鍬、鎌などを携え、非道の声のある村長の家を打ち壊し、放火し、その家の帳簿や手形証書を取り出して焼却し、または金銭を奪って貧民に投げ与えた。平素、村民を厚遇し、人望のある村長はその災難を免れたが、驕慢無慈悲《きょうまんむじひ》で、官軍の例にならい分捕りをした村長は一家丸焼けになった者もいた。山口某も焼け残った土蔵を焼き打ちされた。

一、会津の家中は大小の腰のもの二十、三十を持たぬ家はなく、なかには五十や百も持っていた。金銀を惜しみなく使った細工物もあった。なかには大金を井戸のなかに投げ込んだ家もあった。

薩長軍が競いあうように、略奪暴行を繰り広げていた。あまつさえ婦女子をつかまえて妾にし、家財道具を勝手に売りまくって現金を稼いだ。これでは泥棒の軍隊であり、とても官軍、国家の軍隊とはいえない。

知らぬ顔の長州奇兵隊幹部

奇兵隊の幹部は、会津での乱行は、もちろん知っていたと思われるが、『定本奇兵隊日記』にも一切、そうした記述はなく、三浦梧楼の『観樹将軍回顧録』も会津攻撃の部分はすべて省略されていた。

山県有朋は『越の山風』にも、

「遅れて来たので、はなはだ肩身の狭い思いだった」

と記述し、手薄の高田方面で、会津軍と交戦したが、ほどなく会津が降服したので、

「余はその日のうちに越後口の官軍を会津坂下に引き揚げさせ、翌朝には津川に向かった」

と記しただけだった。

会津の人々は様々なチャンネルで薩長軍は官軍にあらずと、繰り返し、繰り返し暴虐行為を世間に伝えてきた。それはじわじわと長州人に響いていた。

ただし、悪辣な行為に会津兵が関係していなかったと言えばウソになる。

戊辰戦争の負傷兵を治療するために、会津戦争に従軍したイギリス人の公使館付医官ウイリスは、公平な目で両軍を観察してパークス駐日公使に報告したが、その中で、

「会津兵が越後に退却していく途中、彼らは女たちを強姦し、家々に盗みに入り、反抗する者をみな殺害したのである」

ということも報告していた。

それは率直に認めなければならないことだった。戦争はどちらの立場に立っても悲惨だった。

会津人は怨念として、心のどこかにこれを仕舞い込んできた。

2　会津人・宮崎十三八の魂の叫び

明治維新は欺瞞

宮崎十三八《とみはち》さんが、亡くなられて二十年になる。

『会津人の書く戊辰戦争』を執筆し、各界に衝撃を与えた人物である。最初、同じ題で「新潮45」平成四年十月号に収録され、その後、単行本になった。

そこには、明治維新は欺瞞に満ちていて、とても認めることは出来ない、とその理由を激しい言葉で書き連ねていた。

宮崎さんは大正十四年、会津若松市に生まれ、旧制会津中学校から旧制新潟高校の文科に進んだ。

今でも会津若松からは新潟大学に進学する人が多い。

藩政時代から新潟と深い交流があり、県境地帯の人々は買い物も医療も新潟が多い。藩政時代、海のものは、阿賀野川水運を通じて舟で会津若松に運ばれた。舟つき場は塩川で大きな倉庫がいくつもあった。

宮崎さんは、もともと中央で仕事をすることを希望していたようで、東大経済学部を目指していたが、体調を崩して断念、会津若松に戻って高校の教師になり、その後、会津若松市の職員になり、最後は商工観光部長を務めた。

宮崎さんを引き立てた当時の横山武市長が、

「宮崎君は東大進学をやめて地元に戻ってきてくれたので、私は大変、助かった。頭のいい人がみんな東大に入って官僚になっては、地方が困る」

と言ったことがあった。けだし名言であった。

宮崎さんはいい上司にも恵まれていた。

もともと歴史や文学の素養がある宮崎さんは、司馬遼太郎《しばりょうたろう》や綱淵謙錠《つなぶちけんじょう》の案内役としても、随分、活躍された。そのかたわら、会津に関する多くの作品も書かれた。

会津若松では戦争というと、太平洋戦争ではなく、戊辰戦争をいうことが多い土地柄である。

確かに会津若松の人々は慶応四年（一八六八）八月二十三日のことを、まるで昨日のことのように語り出す。それはどの世代にも共通していた。

宮崎さんは、れっきとした会津藩士の末裔だった。

前置きはこのぐらいにして、宮崎さんの文章『会津人の書く戊辰戦争』を拝読しよう。

時は慶応四年八月二十三日にさかのぼる。


『会津人の書く戊辰戦争』


若松城下に襲いかかった薩摩、長州、土佐、肥前の西軍は、土佐兵を先頭に城下の各町に殺到した。抵抗する会津兵はもとより、武士、町人百姓、老若男女の別なく、町のなかにいた者は見境なく斬られ、打ち殺され、あるいは砲弾の破片に当たって死んだ。

若松の町人たちにとっては、この朝突然の出来事で、篠つくような雨のなかを燃え上がる炎の人家を脱して、われ先に逃げた。赤児を背負った女が路上に倒れ、赤児は声をからして泣き叫んだが、母は動かなかった。群衆は銃弾に追われるように逃げ、悲鳴をあげて走り続けた。

また武家の屋敷では、婦人たちが戦う夫や父や兄弟らの足手まといにならぬよう、存分の働きを祈って、前から用意した白装束に着がえ、集団自決をした。

腕のなかで笑う児に泣いて刃を向けなければならない母親もいた。屋敷のなかは煙が充満し、火の手が迫った。そこにまた砲弾が炸裂した。

この世の地獄

至るところで阿鼻叫喚《あびきょうかん》、修羅場はたちまちこの世の地獄となった。

攻める者は血を見ると、怪鬼のように快感を覚えて、人影を見れば、撃ちまくった。

この日の地獄の展開は、一瞬にして十万余人の生命を奪った広島、長崎の原爆の惨劇に及ばなかっただろうか。


犠牲者の数は少なかったにしても、恐怖感でぞっとなって立ちすくむ女児の後から阿修羅《あしゅら》の刃が襲ってくるのだから、銃弾に当たってぶったおれ、何時間後かに出血多量でこと切れた遺体は、秋の彼岸すぎから翌春の雪どけまで、ドブのなかに顔を突っ込んだままになっていたのだから、広島、長崎のピカドン地獄と、そんなに違わなかったと思う。


宮崎さんの文章は、噛みつくような激しさで始まっていた。

宮崎さんは薩長軍の残虐行為の数々は、広島における原爆投下と同じで、永遠に忘れることは出来ないとこの本で、怒りをぶちまけた。

それだけではない。明治新政府の戦後処理についても怒りをあらわにした。

「賊軍の死骸には手をつけるな」

という厳しい命令が出され、千数百の遺体が城下に放置され、野犬や鳥の餌食になった。

せめて白虎隊の少年だけは埋葬したいと、飯盛山《いいもりやま》の百姓が遺体を埋葬すると、捕縛、投獄された。こんな馬鹿なことがあるか。

宮崎さんはこの問題も追及した。

会津に冷淡な日本政府

会津藩士とその家族は戦後、遠く青森県の下北半島に流され、老人や子供が飢えのためにバタバタと命を落とした。こんなことが許されていいのか。

大正時代に入っても日本政府は会津に冷淡で、鹿児島や山口には旧制の高等学校が設置されたが、会津若松には高校はおろか専門学校も出来なかった。

これほどの差別があるだろうか。

宮崎さんはこのように嘆き、会津を征伐せよとの密勅は薩長がでっちあげた偽勅《ぎちょく》であり、今日、それが明らかになった以上、会津藩に対するいわれなき汚名は、償ってもらわねばならないと声を荒げた。

「現政府に損害賠償の訴訟請求を起こすべきか」

宮崎さんがこう悩むところで、このリポートは終わっていた。

宮崎さんは司馬遼太郎の作品に、会津若松のMさんという名前でしばしば登場する。司馬が会津若松に来るといつも案内役は宮崎さんだったからである。

勢津子妃殿下

司馬遼太郎の作品に、松平容保を主人公にした『王城の護衛者』がある。「別冊文藝春秋」に掲載されると松平家の当主が司馬の家に何度か電話をいれた。不在で三度目につながった。

「私は松平保定《もりさだ》ともうします」

と自己紹介した。司馬は、この人物が、松平旧子爵家の当主であることに、すぐに気付いた。電話の目的はお礼だった。

「妃殿下から私方に電話があり、すぐそちら様にお電話せよということでありましたので」

ということだった。妃殿下とは松平容保の孫秩父宮《ちちぶのみや》勢津子《せつこ》妃殿下である。

「これはどうも」

司馬は大いに恐縮した。

「この瞬間ほど私は会津人の悲傷《ひしょう》の生々しさと深さを、肌に粟立つほど感じたことはなかった」

と書いた。宮崎さんは、私に何度もこのことを話した。

「妃殿下のお気持ちを思うと、泣けて泣けて仕方がなかったなあ。長州に朝敵《ちょうてき》と言われたことが悔しい、本当に悔しい。妃殿下もどれほど苦しまれたことか。それを思うと胸が張り裂けそうでした。松平容保は孝明天皇から御宸翰《ごしんかん》をいただいているのですよ。それが朝敵とは、薩長はペテンですよ」

宮崎さんは、何時も目をうるませて語るのだった。

宮崎さんの編著書に『私の城下町―会津若松』『会津の史的な風景』『会津戊辰戦争史料集』『保科正之のすべて』『会津の観音巡礼』など多数があり、会津史の研究には、どれも欠かせないものばかりだった。

歴史作家・綱淵謙錠

宮崎さんが旧制新潟高校の学生のとき、一級上に樺太から来た綱淵謙錠がいた。後年、歴史作家となった綱淵は宮崎さんが提供した史料を使って『戊辰落日』や『苔《たい》』などを書き、直木賞を受賞した。

旧制新潟高校は、宮崎さんにはピッタリの学校だった。

旧制高校は全寮制が多かった。私のように新制高校、新制大学に学んだ人間には、旧制高校は、「よかっただろうなあ」と思う憧れの学校だった。

新潟高校には六花寮という学生寮があり「越路の春の」「佐渡ヶ島山」といった寮歌を寮生たちは、なにかといっては肩を組んで歌った。この題名からしてロマンにあふれていた。

この高校からは綱淵謙錠のほかに、野坂昭如《のさかあきゆき》、丸谷才一《まるやさいいち》、池島信平《いけじましんぺい》らの作家や編集者を輩出していた。

一年生は奴隷、二年生は平民、三年生は天皇と呼び、上下関係がどこも厳しかったが、その分、結束は固く、なぜこうした学校を廃止してしまったかと、後悔の声がしばらく聞かれた。

一高、二高、三高などは旧制帝大に吸収され、残りは駅弁大学といわれた地域の大学の中核になったが、どこも個性が失われ、平凡な大学になってしまった。

会津人は昔から「会津っぽ」と言われ、頑固なことを言いがちだが、宮崎さんからはそうした言葉は聞いたことがなかった。

観光史学

「観光史学」という言葉は、宮崎さんがご自分で使われたのだが、時代の先端を行った表現だった。今日、歴史観光は当たり前、地方創生も絡んで、応用歴史学は花盛りである。

NHKの大河ドラマは歴史と観光をドッキングさせた典型的な作品であり、大学にも観光学部がいくつか生まれ、そこでは地域史が必須である。

就職率百パーセント近いという和歌山大学観光学部の場合、「観光経営」「地域再生」

「観光文化」という三つの基本領域をコンセプトとして教育体系を再編成し、「様々な局面で異文化コミュニケーション力を涵養《かんよう》する教育環境を実現、現代社会が抱える諸問題の解決に必要な『包括的対応力《ジェネリックスキル》』を養成する」とうたっている。

宮崎さんは、まさに歴史と観光を結び付けた先駆者だった。

宮崎さんが病に倒れたのは、平成八年だった。病が重いと聞いて、私は宮崎さんの病室に電話し、

「頑張ってください」

と伝えた。宮崎さんは、

「会津をよろしくおねがいします」

と何度も何度もおっしゃった。

それから間もなく宮崎さんは亡くなられた。

最近、福島テレビの会長糠沢修一さんと会食する機会があった。

随分昔、福島県政記者室でともにニュースを追いかけた時代があった。

社長業八年を経て会長になったが、この業界では、重鎮である。話の途中で、宮崎さんのことになった。

「宮崎さんから是非会いたいと電話があって、会津の病院に駆け付けた。亡くなる半月ぐらい前だったかなあ。その時、宮崎さんが司馬遼太郎の記念碑をつくりたい。何とか協力

してほしいといわれた。これが私に対する遺言でした。私は福島県内のマスコミ各社に協力をお願いし、十年ぐらい前かなあ。鶴ヶ城の敷地内に司馬先生の記念碑を立てました」

これは初めて聞いたエピソードだった。

糠沢さんが、努力されていることは聞いていたが宮崎さんの遺言とは知らなかった。宮崎さんは、すごい気配りの人だった。

「そうでしたか」

私は感慨深くこの話を聞いた。

私は何度も宮崎さんに会っていたが、一度もそのようなことは聞いたことがなかった。

恐らく胸の奥深くしまい込んでいたものが、一気に噴き出たに違いなかった。

宮崎さんは私の十歳年長である。宮崎さんについては観光史学というレッテルも付いていたが、これには微塵も観光史学の色彩はなかった。

会津武士の末裔《まつえい》の魂の叫びだった。

3　会津は怖い

山口・瑠璃光寺へ

今から五年ほど前、私が長州山口に出かけた時のことである。タクシーに乗って瑠璃光寺《るりこうじ》に向かった。

瑠璃光寺は大内氏全盛の頃、二十五代大内義弘《おおうちよしひろ》が現在の香山《こうざん》公園に、石屏子介禅師《しっぺいすかいぜんじ》を迎え香積寺《こうじゃくじ》を建立し、その後、五重塔が落慶《らっけい》した。

時を経た関ヶ原の合戦の後、毛利輝元《もうりてるもと》が萩《はぎ》入りし、香積寺を萩に引寺し、跡地に仁保《にほ》から瑠璃光寺を移築した。

五重塔は全国で十番目に古く、美しさは日本三名塔の一つに数えられ、室町中期における最も秀でた建造物と評されている。

初めてではなかったが、瑠璃光寺を見なければ山口市に来たとは言えない。

「お客さんどちらからきましたか」

運転手さんが聞いた。福島県郡山《こおりやま》といっても知る人は多くない。

「会津若松の方から来ました」

と言った。郡山は会津若松の玄関口である。間違いではない。

「えっ」

運転手さんは、緊張した声を出した。

「そうですか。会津若松は怖いところだそうですねえ」

「そうですねえ。長州から来たといったら、どうですかねえ。タクシーから下ろされるかもしれませんねえ」

「やっぱりそうですか。行かない方がいいと聞いていました」

「そういわずに、ぜひおいで下さい。ただし長州といっては、まずいことになります」

「ううん」

運転手さんは黙ってしまった。

瑠璃光寺についてガイドさんに案内をお願いした。若い女性の方だった。

「どちらから」

「会津若松のほうです」

「えっ」

女性も口を噤んでしまった。

会津は怖いということが、どうも徹底しているようだった。

生まれは広島、萩ではなく

私は山口県ではなく、自分が住む郡山で同じような体験をすることになる。

ある時、東京の大手建設会社のMさんが郡山に転勤になり、私の仕事場に挨拶に見えた。

私は異業種交流の勉強会を開いており、彼が所属する企業も会員に入っていた。彼は早稲田大学を出て、入社したエリートの一人である。

「生まれは広島です」

とおっしゃった。

「そうですか、広島ねえ。芸州藩《げいしゅう》ですねえ」

「はい」

「昔は毛利家の城下町、関ヶ原で徳川に敗れて長州萩にうつられた。広島と長州萩は親戚ですね」

「はあ、しかし私は、広島ですから萩ではありません」

と妙にこだわった。

時折、信長がどうの、秀吉がどうのと、よもやま話をした。三年ほどして東京本社に戻ることになった。

「星さん、申し訳ありません。実は私、萩で生まれました」

といって深々と頭を下げた。

「えっ、長州だったのですか」

「はい。どうしてもいえなくて」

その人はうつむいた。

会津人の長州嫌いは、長州の人々にも広く知られ、かくのごとき事態になったことを知り、会津人の執念の深さを改めて知る思いだった。

私は長州山口市の山口市歴史民俗資料館鋳銭司《すぜんじ》郷土館で、強烈な会津批判を突きつけられることになる。


「会津はけしからん」


NHKカルチャー郡山教室の「星亮一と行く歴史街道」を十八年ほど受け持った。

当初は全国展開で、京都や山口、あるいは秋田の乳頭《にゅうとう》温泉などにも出かけた。

山口では大村益次郎の故郷、山口市鋳銭司にある郷土館も訪ねた。展示室には大村益次郎の遺品と遺墨が飾られていた。銅像模型、肖像画、愛用の扇子、陣笠、本箱と洋書なども展示されていた。

大村は、迅速な敵情探索、戦闘地の地理探索に優れ、兵士を縦横無尽に動かした。四境戦争の石州口（島根）の戦いにおける横田川渡河《とか》作戦の前日、渡河地点の探索に出かけ、敵が橋を撤去し、舟も全く見当たらない。大村が近くの農民に金を渡して舟を手配、これに乗って周辺一帯を視察、敵兵が見当たらないことを知るや翌朝、大村は、

「大隊飛び込め」

と大喝《だいかつ》、進撃して大勝利をおさめた。

上野の彰義隊《しょうぎたい》との戦争では肥前のアームストロング砲を使って彰義隊を仰天させ、勝利した。

会津城下の戦闘では、連日、若松城に砲弾を撃ち込み、会津藩兵の戦意を喪失させた。

郷土館の説明者は、近所に住んでいる方のようで、受付の女性が呼びに出かけ、年配の方が現れた。

「どちらから見えましたか」

「福島です」

「ああ、福岡ですか。皆さん、よく見えます」

「いや福島です」

「エッ、福島ですか」

「会津の方から来ました」

「会津！」

老人の顔が厳しくなった。刺すような目で私を睨んだ。

何かよからぬことが起こりそうだと、私はとっさに思った。

「会津の人は、けしからんですよ。長州の兵隊が会津城下で散々悪事を働いたと言いふらしている。萩の藩校明倫館《めいりんかん》で学んだ長州藩士は礼儀を重んじ、悪いことなどするはずありません」

老人は興奮している。

明倫館で学ぼうが、会津藩校日新館《にっしんかん》で学ぼうが、戦場は殺し合いの場である。戦闘はどこでも苛烈を極めた。暴行を働いた人物は藩校明倫館で学んだ人々とは異なっていたかもしれないが、指揮官は、見て見ぬふり、恐るべき犯行を止めることはなかった。その意味では同罪であった。

戦場では会津鳥、長州鳥という言葉があった。死体から肝臓を取り出し、焼いて食べるのである。焼き鳥である。

越後の戦場で無理やり長州鳥を食わされた会津の少年兵が、発狂し、後方に送られたという記述が同じ少年兵の日記にあった。


『花神』

司馬遼太郎も大村益次郎を主人公に小説『花神《かしん》』を書き、大河ドラマにもなっている。

ここでは、大村を抜擢したのは、桂小五郎となっているが、直接には長州藩の蘭学者青木周弼《しゅうすけ》だった。

青木は長州蘭学者の先達で、和漢洋の学問に通じ、

「これからは、このような男が必要」

と宇和島《うわじま》の蕃書調所《ばんしょしらべしょ》の助教授だった大村を萩に呼び戻したのだった。幕府打倒を志向する長州藩としては洋学を取り入れることが急務だった。

会津藩の砲術師範山本覚馬《かくま》が洋学を学ぶために、江戸に上り佐久間象山《さくましょうざん》の塾に入ったころである。

象山の塾には吉田松陰《よしだしょういん》、福井の橋本左内《はしもとさない》、長岡の河井継之助《かわいつぎのすけ》らがいた。スタートは皆一緒。会津もここまでは遅れてはいなかった。ただし、そこからのスピードが違っていた。

海に面し、世界に繋がっていた長州と山国の会津との差であった。

早乙女貢

長編『会津士魂』で、徹底的に長州を批判した直木賞作家に、早乙女貢《みつぐ》さんがおられる。

私は早乙女さんの取材に再三、同行したが、ある時、大村益次郎が話題になった。

「あれは人民を不幸にした男だよ。人を殺すことに精力を使った殺し屋だ。村田蔵六から

大村益次郎に名前を変え、少しましになったような顔をしているが、江戸を焼き、彰義隊を惨殺し、その功績で陸軍のトップになり、国民皆兵を唱え、日本を軍国主義に移行させた死神だよ」

と息巻いた。

「あれが斬られたのは、明治二年九月だったな。長州藩の控え屋敷で身内に斬られている。二階の四畳半の床柱にもたれていた大村は右こめかみをぐさりと斬られた。何とか逃れて風呂桶の中に隠れた。お湯が汚く、二か月後に敗血圧で死んだ。卑怯未練《ひきょうみれん》で武士らしい清らかさがない。泥亀《どんがめ》だったな」

早乙女さんは切り捨てた。

早乙女さん(一九二六年〜二〇〇八年)の生まれは満州・ハルビン。本名は鐘ヶ江秀吉《かねがえひでよし》。秀吉とはすごい。ペンネーム早乙女貢は、

「若い娘に金品を貢ぐようになりたいと思って、つけたんだよ」

と本人から聞いたことがある。

早乙女さんはもてる人だった。

私は福島中央テレビの制作部長時代、早乙女さんをリポーターに、何本か番組を作ったことがある。

ロケの時は、賑やかな店で飲むときもあった。女性は皆、早乙女さんの周りについた。

慶應義塾大学文学部中退。代表作は吉川英治文学賞を受賞した『会津士魂《あいづしこん》』。曽祖父が会津藩士で、戊辰戦争後にアメリカに渡り、いったん横浜に帰国するがすぐに上海に渡り、一家は中国に住む。早乙女さんはそこで生まれた。戦後、引き揚げ、九州にすみ、その後、東京に出て、歴史小説、時代小説に進んだというのが早乙女さんの経歴だった。

わが故郷会津

会津若松では、会津武家屋敷や会津藩校日新館を復元した財界人の高木厚保《あつやす》氏が早乙女さんの支援者になり、高木さんが経営されていた東山《ひがしやま》温泉の原瀧《はらたき》が定宿《じょうやど》だった。

高木さんは私が当時勤務していた福島中央テレビの監査役もされていたので、早乙女さんが会津に見えると、私も早乙女番として、会津でお相手をすることが多かった。

早乙女さんは絵も玄人《くろうと》で、会津の風景を描き、昭和六十一年には、新人物往来社から早乙女貢画文集『会津の詩《うた》』を出している。

その絵の多くは、会津の方が求められ、それぞれのところに飾られているが、早乙女さんは「わが故郷会津」と題して巻頭にこう書いていた。

会津にいくたびに、私は安らぎをおぼえる。血が呼ぶ、というか、祖先の墳墓《ふんぼ》の地という思いが、一木一草《いちぼくいっそう》にも親しみをおぼえ、川の流れにも、親しく懐かしい響きを感じるのだ。

私自身は旧満州のハルビンで生れたが、曽祖父は会津藩士であり、戊辰戦争で活躍した。その由縁《ゆえん》が、私をこの地に導き寄せる。外国で育った者には、故郷がないという痛切な思いがある。その寂寥感《せきりょうかん》が会津の山河を眺めその風に包まれるたびに、故郷へ戻ったような感動を与えてくれるのかもしれない。

明治政府出現の陰で、もっとも甚大なる被害を受けたのが、会津藩だった。歴史は、常に勝利者によって都合よく改ざんされる。そこには欺瞞《ぎまん》の歴史しかない。

明治維新がいい例だ。会津藩士の士道と頑なまでに正義を信じる武士の心は、非道な手段で政権の座を得た薩長土の連中にとって、憎くてならなかったろう。

彼らは、おのれらの野望による悪事を隠蔽《いんぺい》するために、会津藩を〝逆賊〟とし、〝朝敵〟として叩き潰さねば、枕を高くして寝られなかったのだ。

明治戊辰の真実を描く─私が十五年間にわたって『歴史読本』に書き続けている『会津士魂』は、私にとって父祖の呻《うめ》きであり、血を引く会津藩士四代目としての、書かなければならない宿命的な仕事なのである。

私は、その取材の途次、心にとまった会津の風景をスケッチし続けてきた。

絵はあくまでも趣味なのだが、〝わが故郷会津〟への思いを、多少なりとも描き得たかと思う。

早乙女貢

早乙女さんの文章は、念望の深い思いに満ちていた。

横山武市長

私は会津人ではない。

仙台人なのだが、二十代の中ごろ福島民報の会津若松駐在の記者として約三年間を会津若松で過ごした。

学生時代に歴史を勉強したので、会津の歴史もそこそこは知っていたが、そこにのめり込むというほどではなかった。

私が会津若松に赴任した時、会津若松市長は横山武という人で、夕方になると市長室に一升瓶を置いて、記者クラブ面々としばしば酒盛りをする剛毅《ごうき》な方だった。

もともとは会津魁《さきがけ》新聞の社長で、戦後の混乱期の昭和二十三年三月の選挙で当選した。

当時はまだ占領軍《アメリカ》の軍政下にあって、福島市に軍政部があった。

ここにいちいちお伺いをたてなければ、何も出来ない屈辱の時代であった。

そのため市長は軍政部との折衝と接待のための激務に耐えかねて病に倒れるなど、多難なスタートだった。

その後、一度、落選したが三期連続で当選、会津鶴ヶ城《つるがじょう》の天守閣《てんしゅかく》を復元した歴史に残る人物だった。

この時、天守閣再建を巡って市議会が紛糾、市議会の票数は、賛成、反対が同数、議長の一票で復元が決まったといういきわどいものだった。

会津若松史の編纂

横山市長がもう一つ進めたのが『会津若松史』全十三巻の編纂《へんさん》である。編纂責任者は私の恩師、東北大学の豊田武教授だった。

「とにかくご挨拶しなければならない」

私は、会津若松の旅館に豊田先生を訪ねた。

「そうか、君はここにいたのだったな」

豊田先生はニコニコ顔で、迎えてくださり、世間話のあと、

「実は困ったことがある」

とおっしゃった。

「東京の研究者は大半が薩長史観の人々で会津は開明的な薩長に反旗を翻した遅れた存在ととらえている。一方、地元の方々は、ひどく薩長を悪く言う。無理からぬことだが、双方ともに偏《かたよ》っている。困ったものだ」

先生はそう続けた。

「はい」

私は先生のおっしゃるとおりだと思い、うなずいた。すると先生は、

「どうだ、君が会津戦争の部分を担当してくれないか、君はジャーナリストだから公平な立場で戊辰戦争を描けるはずだ」

ときりだされた。まさか、本当だろうか。私は信じがたい思いで、先生を見つめた。人間は、いつ何処で何が起こるか分からないものだとつくづく思った。

私の幕末維新史研究はこうして始まった。

豊田先生は東大史料編纂所教授だった小西四郎《こにししろう》先生に私の指導を依頼し、小西先生の指導で戊辰戦争の根本史料『復古記《ふっこき》』を読むことから始まった。

『復古記』は皇国史観《こうこくしかん》の史料集で、会津は天皇に刃向った賊軍として扱われ、ひどく差別されていた。研究者が薩長贔屓《びいき》になるのも当然という編纂だった。

ともあれ私は豊田先生と小西先生の意向を汲み、冷静客観的に会津戦争を記述することに努めた。悪戦苦闘して書き上げ、小西先生の検閲も無事パスすると、豊田先生から「よくできました」と葉書をいただいた。

私は感激で胸がいっぱいになり、以来、私は先生の写真と一緒に、その葉書をずっと私の仕事場に飾ってきた。

「仙台はねえ」

会津で仙台の出身というと、古老からは、

「仙台はねえ」

と、うさんくさくみられることがあった。

仙台藩は奥羽越列藩同盟の盟主でありながら、会津を見捨てて白河《しらかわ》から撤退したというのが、その理由だった。

事実なので私は苦言を甘んじて受けなければならなかった。

その私を慰《なぐさ》めてくれたのが、会津若松の名刹《めいさつ》、興徳寺《こうとくじ》の次男坊大内明《あきら》さんだった。

彼は私の一歳年長、会津高校から横浜市立大学に進み、石井孝教授のもとで、国史を勉強、会津図書館に勤務していた。

石井教授は、大著『明治維新の国際的環境』（吉川弘文館）で知られる幕末維新対外関係史の権威で、私が学んだ東北大学文学部国史学科の教授に横浜市立大学から赴任された方だった。

つまり私と大内さんは、兄弟弟子の関係だった。辛口の厳しい先生で、会津藩には批判的で、幕末維新における会津藩は、遅れた集団と言う捉え方だった。

そんなことで私と彼は、もっとも親しい友人になった。彼は後年、会津若松図書館長、定年前には水道管理者の要職に就いた。

興徳寺

興徳寺の凄さは、聞いてびっくりだった。

場所は会津若松のメインストリート神明通りから入るのだが、入り口には、会津若松出身の京都大学総長小西重直《こにししげなお》筆の「蒲生氏郷《がもううじさと》公墳墓の地」という石柱があった。

弘安《こうあん》十年（一二八七）に芦名《あしな》氏第五代芦名盛宗《もりむね》が鎌倉より大円禅師《だいえんぜんじ》を招き開山したと伝えられる臨済宗妙心寺派の寺院であった。大円禅師は、中国から帰化した高僧ともいう。

芦名の時代、七堂伽藍《しちどうがらん》、別院二十四を擁する壮大な寺院であったというから驚くほかはない。その一大伽藍は、会津戦争の兵火でことごとく焼失した。

「今あるのは明治以降に再建されたもの、かつての面影は、ほとんどないなあ。長州は憎いといえば憎いが、戦争だからなあ」

大内さんは複雑だった。

彼とのお付き合いは今も変わらず続いており、何かわからないことがあると、私はすぐに彼に電話する。いつもいうのは、

「あんたにとって豊田先生が文字どおりの恩師だよなあ」

という言葉だった。

豊田先生はただの学者ではなかった。私は、そうした部分についても影響を受けた。

文豪吉川英治

豊田先生は米国の名門、スタンフォード大学大学院で客員教授をされ、日本封建社会論を講じられたこともあったし、文豪吉川英治《よしかわえいじ》の相談役もされていた。

大学で勉強するということは、数々の意味があるが、一つは、尊敬できる先生に巡り合えるかどうかである。

先生は実に幅の広い方だった。

『豊田武著作集第六巻　中世の武士団』(吉川弘文館、一九八二年) の「あとがき」(編者による執筆) に、そのことが記されている。

それによれば、昭和三十三年の五月ごろ、豊田先生は、楠木正成《くすのきまさしげ》関係の資料調査のため関西に出かけた。この時、先生と一緒に旅をされたのが、文豪吉川英治だった。『新・平家物語』や『私本太平記』などを執筆中だった。とある史跡にさしかかったとき、吉川英治が、

「あァ、この景色の中に一人、女を立たせてみたいものだなあ」

とつぶやいた。

豊田先生はこの話を聞き、歴史家たちが、歴史の舞台裏を支えつづけた女性たちの存在

を、どれほど無視してきたかを悟られた。

以後、先生は、しばしば女性の活躍を歴史に登場させた。

私は会津戦争に取り組んでいる間、先輩記者に了解をもらい、会津図書館の書庫に入りびたりで、会津戦争を執筆した。

会津人にとって長州とどう向き合うかは、この百四十九年、何度も議論を重ねてきた問題だった。

会津のカミサマ

会津若松では元市長の高瀬喜左衛門《たかせきざえもん》さんのことを神様と呼んでいる。高瀬さんは白木屋漆器店の当主でもあった。旧制会津中学から旧制水戸高校に進み、京都大学で物理を専攻された方だった。

漆器店の後継者でなければ、京大教授になっていたに違いなかった。

白木屋漆器店は、会津若松の中心街にある会津塗りの老舗で、土方歳三《ひじかたとしぞう》が泊まった清水屋旅館跡に建つ大東銀行の向かい側にあった。

創業は慶安《けいあん》年間。享保《きょうほう》年間から現在の場所で累代漆器の製造販売業を継続、戊辰戦争後には、荒廃した当地漆器界の復興にあたった。

大正三年に竣工した土蔵造り三階建ての店舗ではルネッサンス様式を取り入れ、千種類以上の漆器を常時取り扱っていた。

天正《てんしょう》十八年（一五九〇）に会津地方の領主となった蒲生氏郷が地場産業の育成に力を入れ、そのひとつとして漆器の製造を本格的に始めさせたのが会津塗りの源流となっていた。

高瀬さんは老舗の御当主にふさわしいジェントルマンだった。

勉強会

高瀬さんは会津産業懇話会という勉強会も主宰され、いくつもの土蔵に囲まれたやや薄暗い感じの座敷に集まって、いかにしたら会津若松を活性化できるかを討議した。

私は戊辰戦争後、会津人が強制移住させられた斗南《となみ》問題に関するリポートを会報に書いた。

会津戦争に関する高瀬さんの見解は、「長州と仲良くするが仲直りしない」というものだった。

「仲直り」とは、喧嘩を止めて仲良くなるだけでなく「悪かったネ。御免なさい」という意が含まれているが、お互いに原理、原則があるので、気安く撤回して謝ることなど出来るものではないというものだった。

これは、実に的を射た見解だった。

高瀬さんが亡くなられた今日でも、この言葉は、憲法のように大事にされている。

「高瀬さんはカミサマのような人だったからなあ」

これは大内さんのコメントだった。

藩校日新館

会津藩校日新館が再建されたのは、三十年ぐらい前になる。早乙女貢さんの支援者であり、会津武家屋敷を再建し、家老西郷頼母《さいごうたのも》の屋敷を復元した高木厚保さんが建設したものだった。

孔子廟《こうしびょう》の備品はすべて中国に発注、私も早乙女さんと一緒に、中国の工房を訪ねたことがあった。

「なんとしても会津藩の教育の殿堂を復元しなければならない」

高木さんの強い意志によるものだった。

会津戦争における少年や婦女子の活躍は、世間を驚かせるに足りるものだった。それは藩校で養われたものだった。

会津藩が鶴ヶ城近くに藩校日新館の建設を始めたのは寛政《かんせい》十一年（一七九九）である。敷地七千余坪、東西百二十間、南北六十間、中央奥に大成殿をつくり、大きな孔子の像を安置した学問の殿堂だった。

大成殿の左右に講釈所、素読書、天文台、医学寮、雅楽所などの建物が並び、さらに柔道、刀術、弓術、砲術、馬術などの訓練場があり、一日中、生徒の掛け声が響いていた。水練場は周囲八十五間もある大きなものだった。

生徒はまず素読所に入学、ここで基礎教育を受けさらに講釈所に進み、大学課程まである全国有数の学校だった。学生は常時千人を数え、成績優秀な学生は江戸の昌平黌《しょうへいこう》に派遣された。京都で外交官として活躍する秋月悌次郎《あきづきていじろう》、広沢富次郎《ひろさわとみじろう》（安任《やすとう》）は、その代表だった。

会津藩の特色は、厳しい階級社会である。

明治以降の旧日本軍と類似しており、藩士は上士、中士、下士に分かれていて、さらにそれぞれにクラスが三段階に分かれていた。それは半襟の色と羽織のひもで分かるようになっていた。

国家老《くにがろう》の西郷頼母は、部下が何か言うと、

「軽輩、黙れ」

と一喝した。風通しが極めて悪く、下の意見を吸い上げることは皆無にひとしかった。

日本陸軍は上官の命令一下、敵陣に突っ込んだが、会津藩兵の勇猛果敢さの背景には、こうした身分制度があった。仙台藩も似たり寄ったりだが、会津ほどひどくはなかった。

ならぬことはならぬ

日新館への通学は集団で行った。年配者の什長《じゅうちょう》が引率し、登下校の面倒を見た。どこでも少年が唱えなければならない格言があった。什《じゅう》の教えである。

一、年長者《としうえのひと》の言うことに背いてはなりませぬ。
一、年長者には、お辞儀をしなければなりませぬ。
一、嘘言《うそ》を言ふことはなりませぬ。
一、卑怯な振舞をしてはなりませぬ。
一、弱い者をいぢめてはなりませぬ。
一、戸外で物を食べてはなりませぬ。
一、戸外で婦人《おんな》と言葉を交へてはなりませぬ。
ならぬことはならぬものです。

ダメなものはダメ。これが絶対に守らなければならない会津藩の掟であった。
学問は四書、五経など小学課程を終えると、春秋左氏伝《しゅんじゅうさしでん》、近思録《きんしろく》、二程治教録《にていちきょうろく》と難度の高い学習に取り組んだ。ただし世界史、地理、洋式兵術などの教科はなく、長州とは決定

的に異なっていた。幕末になって各藩で教育体系の見直し論が起こった。信州松代《しんしゅうまつしろ》では、佐久間象山が、

「孟子・孔子を拝んでおる藩校は時代遅れだ。そんな物はいらぬ」

と言った。

松代の文武学校は朱子学《しゅしがく》の匂いは一切なく、明治時代の小学校のような作りだった。日新館は、この時期に入っても朱子学が中心だった。

後年、白虎隊士から東京帝大総長になった山川健次郎は、数学も地理も歴史も学んだ記憶がないと語った。

「そこのところだなあ。日新館でも蘭学や英学を取り入れておればなあ」

大内さんがぼやいた。

「まあなあ」

こんなことを語りながら若松時代はよく熱燗《あつかん》を酌み交わしたものだった。

4　吉田松陰と高杉晋作の実像

長州の風土

会津と長州の激突の元祖となったのは、幕末の長州藩を率いた吉田松陰である。

長州人とは一体何か。そこに行き着くには、吉田松陰を考えなければならない。萩では吉田松陰のことを決して呼び捨てにせず先生という敬称をつけ、萩市の小学校では道徳の時間に『松陰読本』という副読本を使って松陰の生涯を学ばせている。

それほど偉い人なのかという気もするが、長州の人々が、幕府と会津を倒して天下をとったのだから先生なのかもしれない。

しかし松陰の本質は先生ではなくテロリストだった。

吉田松陰のことになると、早乙女さんは口をとがらせて怒ったが、私が思うに長州藩が幕末台頭してきた背景には、長州藩を取り巻く風土があったように思う。

長州には海があり、中国にも朝鮮半島にも近く異国を意識する風土があった。ペリーの艦隊が襲来すると、打ち払うべしと日本中が息巻いたが、何も成算はない。

アメリカに渡航して、とことん近代文明を勉強しようという松陰の姿勢は立派であった。当時の日本人のレベルは驚くほど低かった。

水戸藩の残念すぎる大砲

大の外国嫌いの水戸藩主徳川斉昭《なりあき》公が考えたのは、大砲を製造、港湾に設置することだった。神社仏閣からあらゆる銅器類を供出させ、水戸の神崎寺《こうざきじ》敷地内に造られた鋳砲所《ちゅうほうしょ》で三百門近くの大砲を製造、うちの七十四門を幕府に献上した。しかし、ドガンと撃つと、三十メートルほど飛んだだけで、ぼちゃんと海に落ちる子供だましの大砲だった。

このほかに安神車《あんじんしゃ》という鉄板を張った戦車も造った。大八車《だいはちぐるま》の上に鉄板でおおった六角形の神輿《みこし》を載っけた戦車である。戦車に六個の銃眼が開いていて、ここから銃弾を発射する仕組みだった。斉昭は敵が上陸した場合、この安神車を牛に引かせて敵に向かわせ、その周囲に歩兵を同行させることを考えた。発想が幼稚な兵器だった。

野山獄

松陰はどうなったか。

国禁を犯したということで、松陰は萩に送り返され、野山獄《のやまごく》に入れられる。冬は寒く、夏は灼熱の暑さの獄舎のなかで、彼は囚人たちに、

「道は近きにあり」

「至誠を尽くせば、この世に心が動かないものなどいない」

と中国の儒学者『孟子』の考えを教えた。

出獄すると松下村塾をつくり、若者に世界を教えた。松陰の生徒には、下級士族や商家の暴れ者が多かった。松陰は勅許《ちょっきょ》を得ない条約は認められないと、討幕を口にした。

このころ、幕府老中の間部詮勝《まなべよしかつ》が上洛し、反幕府に沸く京都を鎮静して天皇に勅許を求めんとして志士狩りをはじめた。

梅田雲浜《うめだうんぴん》が捕らえられ、同志の梁川星巌《やながわせいがん》に司直《しちょく》の手がのびようとしたとき、松陰はついに間部の暗殺を決意し、

「徳川幕府は天下の賊だ」

と、誰にはばかることなく幕府を誹謗《ひぼう》した。

井伊直弼《いいなおすけ》が彦根遷都を画策していると聞くや松陰は、藩庁に乗り込んだ。

「京都に兵を出し、これを阻止せよ」

顔を硬直させて藩の上層部に訴え、さらに梅田雲浜を助け出さんと、塾生の赤根武人《あかねたけと》に京都伏見の獄舎の破壊を命じた。

松陰と井伊直弼の考えは、ことごとく相反するものだった。

直弼・開国を決断

直弼の考えは、もしアメリカとの約束を破り、修好通商条約を結ばなければ、アメリカの艦隊は江戸城に砲撃を加え、日本は植民地になろう。それを防ぐためには、たとえ勅許を得なくても条約に調印した方が国益につながる、というものだった。

直弼の判断は決して間違いではなかった。しかし、身内の水戸藩主徳川斉昭が強硬に反対し、そのことを朝廷にも働きかけた。御三家の造反である。

体制が崩壊するときは、大抵このようなものである。まさか、斉昭に幕府をつぶす意志はなかったであろうが、斉昭の尊王攘夷が輪をかけて世間に流布《るふ》され、一人歩きするようになってしまった。

結果として、幕府は崩壊の一途をたどる。

松陰の交友関係

松陰の交際範囲は、医師、書家、武術家、神官、僧侶、農工商すべてに及び、年齢、性別も関係なかった。ありとあらゆる人々が塾に出入りしていた。松陰にとって、幕府の自壊ほど面白いショーはなかった。

「混迷する幕府をつぶし、天皇を頂点とする新しい日本をつくる」

それが松陰の描いた夢だった。

この時期は松下村塾の最盛期でもあった。教室が狭くなったため新塾舎を完成させ、生徒を収容していた。なかには寄宿生もおり、生徒は一日、三十人にもなり、学習は昼夜に及び、松陰は身分の差別なく平等に教えた。

吉田松陰の教育理念はすばらしかったが、いざ実践するとなると、首をかしげたくなる部分も多々あった。

安政五年（一八五八）六月、大老井伊直弼が日米修好通商条約を締結したとき、松陰の怒りは頂点に達した。しかしこともあろうに、堂々と幕府転覆計画を藩の首脳に打ち明けるなど、子供じみた行為が目立った。

松陰は当代一流の知識人であった。しかし単純率直、やることなすこと自己流で、現実味に欠けていた。

他人の話を自分勝手に解釈する癖もあった。言葉遣いは極端に荒く、喜怒哀楽が激しく、気にいらない相手を罵倒することもあった。

松陰自身、学者ではあるが学者が嫌いだった。理屈をこねるのではなく、実践が大事だと塾生たちに説き、堂々と幕府転覆を説いた。

「幕府に手向かうなど、言語道断。もはやかばい切れぬ」

藩の首脳陣も松陰に匙《さじ》を投げた。松陰はまたも野山獄に送られた。やがて、松陰は国事《こくじ》犯《はん》として江戸に護送され、断罪に処せられた。

松陰が処刑されたのは、安政六年十月二十七日である。当時、松陰の死を、それほど重大にとらえる人は少なかった。

「どうにもならない男が一人死んだ」

一般にはそのようなものだった。

前日、松陰は遺書をしたためた。『留魂録《りゅうこんろく》』である。『留魂録』は萩の高杉晋作《たかすぎしんさく》、久保清《くぼせい》太郎《たろう》、久坂玄瑞《くさかげんずい》に宛てられており、これを受け継いだ彼らが倒幕の旗手となって幕府や会津藩の前に登場してくる。

松陰の義弟、久坂玄瑞は禁門の変で会津と撃ちあい戦死、高杉晋作は奇兵隊を結成、四《し》境《きょう》戦争（第二次長州征伐）で幕府軍を破り、幕府瓦解のきっかけをつくる。

松陰と門下生は乱民

長州藩研究の第一人者、一坂太郎《いちさかたろう》氏（山口県在住）と何度か対談したが、一坂氏は、

「当時、長州では松陰と、その門下生を乱民《らんみん》と呼び異端視していた。先生と呼ばれるのはずっと後のことです。かれは長州藩のイメージになっていますが、当時、彼らは、少なくとも平均的長州人ではなかった」

と語った。

松陰の門下生の一人野村靖《のむらやすし》の自伝に『追懐録《ついかいろく》』がある。野村は維新後、逓信《ていしん》大臣や枢密《すうみつ》顧問官を務め、子爵《ししゃく》に列せられた人物である。追懐録には、

「自分たちは乱民と呼ばれ、自分が投獄されると家族は村八分にあった。しばしば兄入江《いりえ》九一《くいち》と一緒に捕らえられ、獄舎に繋がれたが、牢獄は汚く、塵垢《じんこう》が充満し、臭気鼻を衝き、虱《しらみ》や蚤《のみ》が、座に満ち、訪れた母は涕泣《ていきゅう》した」

とあった。

「松陰先生」として神格化されたのはあくまで明治以降のことで、幕末の松陰は長州藩にとって手がつけられない困り者だった。

戦前、吉田松陰は愛国教育の理想的人間として鼓舞された。それは軍国少年の育成であり、天皇のために戦場にいくことだったが、その実像は随分、かけ離れていた。

一方の井伊直弼は極悪人とされたが、人間の評価は、時代によって変わるものである。

昨今、直弼は開国の恩人とされている。

首斬り浅右衛門

会津と関係が深い作家に綱淵謙錠《つなぶちけんじょう》がいる。

前にも書いたように、宮崎十三八さんの旧制新潟高校時代の先輩である。

会津藩のことを何篇も書いている。

樺太《からふと》の出身で、旧制新潟高校在学中に北海道旭川の第七師団に召集され、昭和二十年九月に復員。東京大学に入学するが学費が続かず一年経たずに辞め、東京を脱して新潟に赴き、数年間、職業を転々とした後、東京大学に復学、文学部英文学科を卒業し、中央公論社に入社した。

中央公論では「谷崎潤一郎全集」、「エリオット全集」などの文芸書を手掛け、独立した。首斬り浅右衛門《あさえもん》を描いた『斬《ざん》』で第六十七回直木賞を受賞し、作家デビューした。

首斬り浅右衛門は、松陰の首を刎ねた人物である。断罪に処せられたとき、松陰がどうだったのかは、二つの見方があった。

司馬遼太郎は『世に棲む日日《ひび》』で首斬り浅右衛門が、

「十月二十七日に斬った武士の最期が堂々としてみごとだった」

と、人に語ったと記述した。

これに対して舟橋聖一《ふなはしせいいち》は、「人間、死に臨んで従容たれというほど、難題はないだろう」（『花の生涯』）と、この世への未練を示したという見解を主張し、その裏付けとして

伊勢の人、世古格太郎《せこかくたろう》の、

「吉田も斯く死刑に処せらるべしとは思わざりしにや、彼、縛らるるとき、誠に気息荒々しく、切歯して、実に無念の顔色なりき」

という目撃談を紹介した。

綱淵謙錠は「二説のどちらが正しいかは、判断できない。おそらくだれも決定しえないであろう」と『歴史と人生と』に記述した。

会津人の松陰観

私はこの本の要所要所に会津の人々の感想を挿入しようと考えた。閑話休題の感じである。

トップバッターは会津の友人、大内明さんである。前にも書いたように、大内さんとは『明治維新の国際的環境』の著者石井孝教授の兄弟弟子なので、ある意味で特別な関係だった。

「大内さんは松陰をどう思いますか」

と私は聞いた。すると大内さんは、

「私が会津図書館に勤めた時、館長の大村さんは、長州萩の人だった。人がいなくて全国公募したところ、選ばれたのが何と長州の人だった。今から半世紀以上前のことだけど、長州人とは口も利かないなんてことは、なかった。この三、四十年の間に、反薩長ムードが作り上げられてきた感じもしなくはないなあ」

といった。

「歴史は時代によって、変わるからなあ」

「そうそう」

私もうなずいた。

「ところで松陰先生、どう思いますか」

「勉強しているわけではないが、松陰は一度会津に来て、いい印象をもっていた。だから彼自身、会津がどうのとは言っていない。そんなわけなので、松陰を非難するのはどうかなと思うなあ。まあ複雑な血がいりまじった人ではないのかな。だからポンポンとなんでもしゃべってしまう。カミサマは後で作り上げた虚像でしょうがねえ」

「そう思うね。問題は松陰を担ぎ上げた高杉晋作、久坂玄瑞、伊藤博文《いとうひろぶみ》、彼等になってくるなあ」

「そういうことだね。あなたがこの本で高杉晋作をどう分析し、表現するかに期待だね」

「頑張りましょう」

と二人の話は尽きなかった。

次は高杉晋作である。

決断の早い男・高杉晋作

高杉晋作は、本名を春風《はるかぜ》といった。まことにのどかな名前であった。ほかに暢夫、東一、和助、谷梅之助などの名前があり、晩年には谷潜蔵を名乗った。

ただものでないことは、この数ある名前からも十分にうかがえる。

晋作は「毛利家恩顧《おんこ》の臣」と自称した。恩顧の臣とは戦国時代の雄、毛利家直系の家臣という意味である。

毛利《もうり》元就《もとなり》は一代にして中国地方十か国を治める大名となった。

跡を継いだ輝元は豊臣政権の五大老に列せられ、百二十万石の大名として君臨した。関ケ原では西軍の大将に担ぎ出されたが、東軍の徳川家康に敗れ周防《すおう》、長門《ながと》の二か国三十六万九千石に減封され、広島から萩に追われた。

以来、長州の人々は、徳川と聞くと虫唾《むしず》が走った。

幕末、長州藩では、開国か攘夷《じょうい》かについて藩内で激しい対立があった。

長州藩首脳が考えた国是《こくぜ》は、

「天朝へ忠、幕府に信、親に孝」

という三策だった。朝廷と幕府を平等にたてる八方美人の政治である。

ここで打ち出されたのが長井雅楽《うた》の「航海遠略策」、貿易でもって国を富ますというものだった。

晋作も若き日、幕府の船で清国上海へ旅をした。これが晋作を決定的に変えた。

文久二年（一八六二）正月三日、上海に向かう幕府の船千歳丸《せんざいまる》が江戸を出港した。長崎で四か月も足止めを食い、上海に到着したのは五月六日だった。

上海の港には無数の船舶が繋留され、街には広壮な建物が建ち並び、いたるところものすごい人の波だった。街を支配しているのはアヘン戦争で清国に勝利したイギリスだった。

見るもの聞くもの、すべてが奇妙だった。

清国人の辮髪《べんぱつ》もおかしかった。頭に数尺の髪を垂らしている。

「なんだあれは」

晋作が抱腹絶倒《ほうふくぜっとう》すれば、敵もさるもの、晋作のちょん髷を指さして大笑いした。イギリス人、フランス人は、髪をバッサリ切っている。彼らの国ではそれは普通だという。

「あのほうがいいな」

晋作は帰国してほどなく髷《まげ》を斬り落とした。

決断が早い男だった。

アヘンに見た日本の危機

晋作は上海で軍事施設に興味を持った。

清国軍の装備は旧式の銃と刀剣と槍が中心であり、戦術も古く、わずかに陣営だけが洋式であった。アヘン戦争で清国軍が簡単に敗れたのも当然に思えた。イギリスやフランスの軍隊は性能がよい鉄砲や大砲を持っていた。

中国衰退の原因はアヘンだった。

中国が世界に窓を開いたのは十八世紀末である。中国から持ち込まれた茶の葉はたちまちヨーロッパの必需品となった。

イギリスは中国に門戸開放を求め、大量の茶葉を購入した。十九世紀になるとティータイムが一般化してすべての人が中国の茶を楽しんだ。貿易は中国の出超、イギリスの入超となった。片貿易《かたぼうえき》である。

代金決済はメキシコ銀貨で行われた。このため銀がだぶつき、歓迎されなくなると、イギリスが持ち込んだのはインド製のアヘンだった。アヘンはとんでもない代物だった。いろいろ効能書きがあった。

フランスの詩人ジャン・コクトーは、「一度アヘンを知ったあとではアヘンなしで生きることは難しい」といったというが、商人が体に良いと宣伝し、セックスが持続するなどといいふらし、生気《せいき》なき時代背景もあって、国民の間にアヘンが入り込んだ。

アヘンを吸い続けると中毒になり、最後は病人になって寝ているしかなくなった。それだけではない。貿易のバランスが大きく崩れた。茶葉の収入は年間約二千万スペインドルしかないのに、アヘンはその何倍もの支出になった。

「馬鹿野郎だ」

晋作は騙された清国人にあきれた。

清はアヘンの輸入を禁止したが、役人は賄賂を貰えば、堂々と密輸を認めた。アヘンを積んだ母船は沖合に停泊し、快速船で岸に運ばれる。海上警備の責任者は賄賂まみれになっていて、これを見逃した。

清朝の皇帝は林則徐《りんそくじょ》を特命全権大臣に任命し、貿易の拠点・広州《こうしゅう》に派遣した。林は大量のアヘンを没収して廃棄処分にし、イギリス商人らを追放した。イギリス政府はこうした措置に反発し、開戦を決定した。大英帝国の素顔はごろつきのようなものだった。

清国は戦争で惨敗し、賠償金の支払い、香港の割譲、上海、広州などの開港を受け入れた。植民地に転落である。

いずれ日本も同じような憂き目を見るだろうと晋作は感じた。

下層労働者はイギリス人とフランス人に犬のようにこき使われていた。

幕府はアメリカの黒船に屈し、嘉永七年（一八五三）米国と和親条約を結び、開国した。

「日本も危ない」

晋作は憤慨し、条約を破棄するには海軍を強化するしかないと、オランダの蒸気船（商船）一隻を独断で注文した。当時、長州藩が所有していたのは帆船の軍艦二隻だけだったので、蒸気船は海防上からもぜひ欲しいところだった。

それはいいとして、晋作は後先を考えずに走り出す。今度は高額の軍艦を買うという独断行動に出た。しかし財政逼迫《ひっぱく》の折から、藩では二万両という金をととのえることができず、また相手方の都合もあって商船購入の件は流れてしまう。

帰国後、晋作は積極的に長州軍の近代化を提唱し、攘夷の決行を藩にうながした。しかし富国強兵論はなかなか容れられない。自分の意のままにならないと、ぱっと仕事を投げ出してしまう晋作である。東北遊歴に出かけてしまった。下手をしたら脱藩の罪を問われる。そんなことお構いなしだった。

英国公使館焼き打ち計画

「あいつは我ままでどうしようもないな」

桂小五郎《かつらこごろう》が心配して江戸藩邸に戻すと、今度は外国人暗殺を企てた。

このころ攘夷をさけぶ孝明《こうめい》天皇は、幕府に条約破棄、攘夷実行を迫り、薩摩は生麦村で島津《しまづ》久光《ひさみつ》の行列を横切った英国人を斬った。

「われわれもやる」

晋作は江戸の同志と外国人暗殺計画を練った。

参加者は十一人とされている。

高杉晋作を筆頭に、大和弥八郎《やまとやはちろう》、長嶺内蔵太《ながみくらた》、井上馨《いのうえかおる》（志道聞多《しじもんた》）、久坂玄瑞、寺島忠三郎《てらしまちゅうざぶろう》、有吉熊次郎《ありよしくまじろう》、白井小助《しらいこすけ》、赤根武人（赤祢幹之丞《あかねみきのじょう》）、品川弥二郎《しながわやじろう》、山尾庸三《やまおようぞう》である。

ところがこの計画は外部に漏れて失敗。長州藩の世子《せいし》毛利定広が一席を設けて皆を説得したというから驚きである。会津では夢想だにしないことだった。

これで謹慎し、おとなしくしている晋作ではない。今度は建設中の英国公使館の焼き打ち計画を練った。熱の入れ方がすさまじい。

「百折不屈、夷狄《いてき》を掃除」

と全員で確認、自分たちを御楯《みたて》組と呼び、国家の盾になると息巻いた。

一行は文久二年（一八六二）十二月十三日夜九ッ半時に品川宿の妓楼・土蔵相模《どぞうさがみ》に集合した。

あらたに伊藤博文（俊輔）、福原乙之進《ふくはらおとのしん》が加わった。各々の役割分担は井上、福原は火付け役、他は役人か番人が出て来たら、ただちにこれを斬り殺す役だった。

完成間際の英国公使館に近づくが、周囲には大きな丸太の柵が巡らされていて入れない。すると伊藤が懐中から鋭利な鋸《のこぎり》を出して柵を切った。

伊藤博文が、とうとうしゃべった武勇伝『伊藤公直話』が残っている。多分にほら話だが、ともあれ伊藤の話を聞こう。

伊藤博文直話

今でこそいたずらなどと笑うが、その時は生命がけの大仕事である。先づ謀略は密なるを要すで、策源地は品川遊郭の土蔵相模と定めた。そこに井上の馴染みで偉い女がいた。名をお里といった。その時分は源氏名を用いずに実名で通ったものである。

このお里の部屋を謀議室とした。

いよいよ焼打を実行しようという当夜となった。それは十二月十二日で寒い時分だから、みんな羽織を着ていた。

もし敵に遇った時は同志打ちをやってはならないから、暗夜でもよく判る目標をつけねばならぬ、ということで羽織の裏に白木綿《しろもめん》の長さ両袖に達し、幅二寸許りのきれを縫いつけた。

イザという時は、すぐに羽織を裏返しにして、この白筋を目標にするという趣向を凝らした。

焼打には焔硝《えんしょう》が必要である。ところが人もあろうにそそっかしい井上がこれを引受ける事になった。

いよいよ当夜になって、

「井上出来たか」

といふと、

「ぬかりはありません」

と答えて手拭の両端に包んだ丸いものを、両方の袖から出した。焔硝の炭團《たどん》である。それは上出来だ。しかしまだ出発には大分早い。といって身體《しんたい》につけていては危険だと注意すると、それも承知だといって、この二個の危険物をそっとお里の部屋の額の裏へかくした。

これで大丈夫というので、それから元気を付けようと、一同、お里の部屋で飲み始めた。鯨飲放歌《げいいんほうか》の最中に伊藤はひとり考えた。

伊藤、鋸を買う

公使館のことなので、周囲の防禦《ぼうぎょ》が厳重であろう。これを破る用意が肝心であると思った。そこでみんな飲んでいる間に、ちょっと品川の夜見世をひやかしながら何かないかと見ると、幸い手ごろな一張の鋸があった。

値は二朱、それを買って帰って来た。土蔵相模の入口に天水桶《てんすいおけ》があったので、そっとこの鋸をその中にかくして、何くわぬ顔してみんなと一緒に飲んだ。

さて夜更け人定まるという九つ半、今の一時頃、時分はよしというので一同打揃って土蔵相模を出た。

この時、伊藤は人知れず、最前かくした鋸を天水桶から取り出して、腰に差したのである。

途中は運よく探偵にも見付からなかった。尤も夜半とはいいながら遊郭から帰るのだから、大抵の者は怪しむ筈がない。

放火実行

いよいよ御殿山《ごてんやま》の公使館に近寄ると、その周囲に大きな丸太の柵が立て連ねてある。下からもぐり込むことも出来ぬ。上から飛びこすことはなおむずかしい。いずれも顔見合わせて当惑の体である。

誰一人、この関門を破ることに気がつかなかったのは残念だと久坂がいう。そこで私は、

「拙者斯くあらんと考えたから、この利器を用意してきた」

と腰から鋭利な鋸を出した。この時一同の歓びは譬《たと》えようもなかった。

丸太の根元を挽き始めた。物の半時はかかったろう、二本ばかりはずすと一人ずつ這入れる。

本館へ近づくと番人がいた。

「何者だ」

と、とがめる。

「吾々は天下の志士だ。御国のために妖気を拂《はら》わんがために来た」

　というと、

「何をするぞ」

　と問う。

「焼打するのだ」

　と答えると、

「それはならぬ、許さぬ」

　という。中々責任を重んずる番人である。高杉は止むを得ず大刀を抜いて峰打《みねうち》を喰わした。これに辟易《へきえき》したと見え、さすがの豪気の番人も逃げてしまった。

　家の中へ這入ると、なかなか大きなものである。戸障子をはずしてこれを二箇所に積み上げ、井上に、

「焔硝の炭團を出せ」

　というと、

「しまった、お里の部屋の額の裏へかくしたっきり、出して来るのを忘れた」

　という。

　果して私の心配が実現した。が、今更仕方がないから、さらにこの二箇所の戸障子を四方に分けて火をつけた。

狸穴《まみあな》あたりまで逃げて来ると火の手は益々さかんになり、炎々として天に漲る。もう消防夫がどしどしと繰り出す。

一同これをながめて思わず快哉を叫んだ。同志は離れ離れに酒樓で飲んだものもある。さて、お里の部屋へ残した焔硝の炭團がどうなったか心配で堪らない。翌晩、井上を連れて土蔵相模へ出かけた。あんなものが幕吏の手にでも入ったら、必ず絶好の証拠となるから、早くかくさねばならぬ。お里の留守を窺って、そっと額の裏をさぐると、たしかにあるべき筈の炭團がない。

さあ大変、一大事だ。

平生大膽な井上の顔も青くなった。そのうちにお里がやって来た。

井上はわざと落付き拂って、

「お里、実は昨夜いたずらに炭團を額の裏にかくしたが、誰か見付けたろうか」

と尋ねると、

「あなた方は実に乱暴ないたずらをなさること、今取り出して、この炭函の中へ入れたところです。一つ火鉢につぎましょう」

と、火箸にはさんで火の中へ入れようとする。

井上も私も驚いた。その一つを火に入れたが最後、一室の人命は悉《ことごと》く粉砕されねばならぬ。

井上は周章てお里の手を押さえて、思わず、

「何をするっ」

と叫んだ。

お里は平気なもので、

「炭團を火鉢に入れるに、何がおかしいのです」

「それはただの炭團じゃない」

「それでは、昨夜の焼打は貴方がなさったのでしょう」

「とんでもないこと」

「いいえ、それに違いありますまい」

ここに於いて性急な井上は思わず刀をかけた。

お里の苦言

お里は、したりとばかりいうには、

「命懸けの大事をなさるのに、肝腎の道具をお忘れになるようでは、行末が案じられてなりませぬ。これは余計な憎まれ口、お気になさらず、聞き流して下さりませ」

井上はこの苦言を聞いて恥ずかしいやらかたじけないやら、男勝りのお里の機知と豪膽《ごうたん》に、ひどく感服したようであった。

お里の外にも偉い女がいた。

大挙放火の大罪を犯して刑をまぬかれるとは、古今に稀な話で、幕末の形勢は、こんなものであった。

まさに彼らこそ長州テロリスト集団誕生のはしりだった。

幕末、彼らは奇兵隊を結成し、暴れ回る。

世良修蔵

奇兵隊出身の長州藩参謀の世良修蔵《せらしゅうぞう》もその一人だった。戊辰戦争の時、仙台に来て、会津藩主松平容保の首を取ると大騒ぎし、世良の配下が徒党を組んで仙台の街で歩き、子女を捉えて犯すなど乱暴を働いたと『仙台戊辰史』(続日本史籍協会叢書)にあった。

怒った仙台藩士は世良を斬殺、仙台藩も戊辰戦争に巻き込まれる。

長州の兵がすべて奇兵隊を名乗ったわけではなく、幕末、雨後のタケノコのように諸隊がうまれ遊撃隊、御楯隊《みたてたい》、八幡隊《やはたたい》、報国隊、山伏隊、朝市隊などなど四百もの隊が誕生したという。

戦争は殺し合いである。

命知らずの彼等は、戦争となれば重宝だった。

西郷隆盛《さいごうたかもり》や木戸孝允《きどたかよし》にとっては、これほど役に立つ集団はなかった。

藩祖・保科正之の罪

会津で吉田松陰に匹敵する人は誰か、これは見当たらないような気もするが、

「時代が古いが精神的には保科正之《ほしなまさゆき》かな」

と大内明さんがいった。

「なるほど、そうだね。しかしねえ」

と私は言った。

京都でテロリストが大暴れした時、どうするか。松平春嶽《まつだいらしゅんがく》と一橋慶喜《ひとつばしよしのぶ》が、ない知恵を絞った。ようは武力で抑え込むしかない。しかし引き受け手がいない。彦根《ひこね》藩も紀州《きしゅう》藩も尾張《おわり》藩も断ってきた。財政がひっ迫し、それどころではないというのだ。都合の悪いことに会津藩には、徳川幕府に絶対服従を誓った憲法、家訓《かきん》十五条があった。

いきさつは『京都大戦争』（さくら舎）に記述したので、そちらを見ていただきたい。

家訓第一条には「会津藩は幕府のためにある」とあった。つまり徳川幕府は親会社、会津藩は筆頭の子会社という関係だった。

この憲法を定めた藩祖保科正之は、徳川家康の孫、二代将軍秀忠の庶子、三代将軍家光の異母弟である。れっきとした徳川一族である。これは絶対の命令だった。

会津城主になる前、正之は山形城主だった。そこで、農民一揆（白岩一揆）をだまし討

ちで始末していた。話を聞くといって農民を集め、

「不逞の輩だ」

と全員を磔刑《たっけい》に処した。全員、殺さず仁政を発揮できなかったのか、疑問の残る処断だった。

この事件の三か月前、日本史上最大の一揆とされる島原の乱が起こっていた。籠城した三万人が処刑された。

白岩一揆も火種が小さいうちに鎮圧しなければ、島原の乱の二の舞になると判断したのかも知れなかった。

理由はともあれ山形での保科正之の評判は頗《すこぶ》る悪いものだった。

島原を取材した時、保科正之の名前も聞いた。鎮圧に噛んでいたというのである。

「やはり」と私は思った。彼は会津藩を未来永劫、幕府の傭兵としたのか。

宮崎十三八さんも保科正之には、いささか疑問を感じていたようである。

「保科正之と女性」と題して、正之についてあれこれを論評していた。

「徳川幕府に忠節を尽くせ。隣国大名と同じ行動をしてはならない、若し徳川幕府に異心を持つものがあれば、我が子孫とは思わない、これは実に異色であった。この時代の他の大名の場合はその大名家の、ないしはその藩の繁栄のために基本となるものをその藩の憲法ともいうべき家訓にかかげるのが普通であった」

と、宮崎さんはやんわり正之を批判した。

この家訓を松平春嶽に突かれ、結果として会津は滅びることになる。

もう一つ宮崎さんが指摘したのは、婦女子の言、一切聞くべからずという家訓の条項である。正之の本妻と妾が争い殺人事件に発展したことが、背景にあるようだが、これも褒められた条項ではなかった。

保科正之を神様扱いするのは、どうかと思うということだった。他の藩ならば、「古い話をもち出しても、どうにもなりませんな」と断るところだったが、会津藩の場合は、真面目に考えた。

春嶽も慶喜も丸投げの名手である。自分では何もしない。この時は将軍後見職、事実上の将軍なのだが、都合が悪くなると、さっさと逃げる。会津人はトコトン責任を負おうとする。この違いは大き過ぎた。

この時、会津藩内では国家老の西郷頼母が「会津が収め切れるものにあらず」と強く反対した。

これはあまねく知れ渡っている話である。ただし西郷も人気のない男だった。了見が狭く、部下が意見を述べると、

「軽輩《けいはい》黙れッ」

とすぐに怒鳴る。厄介者の国家老だった。いうなれば、世襲制の大弊害である。

5　京都守護職という罰ゲーム

金戒光明寺

松平容保が藩兵約八百を率いて京都に入ったのは、文久《ぶんきゅう》二年（一八六二）十二月二十四日であった。

町奉行の永井《ながい》尚志《なおゆき》や滝川播磨守《たきがわはりまのかみ》が三条橋の東で容保を出迎えた。容保はただちに本陣には入らず、御所近くの本禅寺《ほんぜんじ》で旅装を礼服（麻裃）に改め、関白近衛《このえ》忠熙《ただひろ》邸に向かい、天皇のご機嫌をうかがってから、東山の麓、黒谷《くろだに》の金戒光明寺《こんかいこうみょうじ》に向かった。

この日、道の両側に並んで行列を見る市民で蹴上から黒谷まで埋めつくされ、馬上の容保を取り巻く家臣団は、一里余りにわたって続いた。

先の京都所司代酒井《さかい》忠義《ただよし》、京都守衛の彦根藩士らは、浪士の鎮圧もできず、京中では腰抜け武士と嘲笑されていたので、会津兵の堂々たる行列に市民は満足をおぼえた。

本陣を置く黒谷の金戒光明寺は、広々として実に気持ちのいい寺院だった。浄土宗七大本山の一つで、五万坪の敷地があり、容保も大満足だった。

翌文久三年（一八六三）正月二日、容保は初めて参内《さんだい》し、新年を賀し奉り、小御所で拝謁《はいえつ》し、天杯《てんぱい》と緋《ひ》の御衣《ぎょい》を賜わり、「戦袍《せんぽう》か直垂《ひたたれ》に作り直すがよい」との恩詔《おんしょう》を賜わった。

武士で御料《ごりょう》の御衣を賜わったのは、古来稀なことで、殊に徳川幕府になってからは、絶えてないことだった。

容保は天皇に太刀《たち》、蠟燭《ろうそく》などを献上し、皇后や親王方にも献上物を奉じた。

会津藩の使命は何か。

京都の治安を回復し、公武一和の実を挙げることであった。

歌川春貞

この原稿を書いていた時、京都在住の作家奈波《ななみ》はるかさんから「今度、松平容保を書きたい」という趣旨のメールをいただいた。

奈波さんは集英社コバルト文庫に「少年舞妓・千代菊がゆく！」を五十冊以上も書いている人気作家である。

京都大学教育学部、大学院教育学研究科に十年近く在籍され、教育心理学を研究された方である。ある時期から一転、作家にかわった。

ついては、容保が御所に参内するとき、どんな衣装かという質問が書いてあった。どうなんだろう。そうしたことは、どこにも書いてなかったように思った。正直、これは難問だった。

しかし明治維新百五十年、平成の薩長土肥と奥羽越列藩同盟の大決戦が迫っている段階である。奈波さんのお話は願ってもないことだった。何とかしなければならないと思った。しかし、まったく当てがない。なんとかしようと、あちこちに電話したが、これといった話はない。

『会津会会報』、『会津史談』、『歴史春秋』など手持ちの雑誌をめくってみたが、見当たらない。

もしかするとと思って開いたのが、白虎隊記念館の創設者、早川喜代次《はやかわきよじ》さんの『白虎童子回想録』（財団法人白虎隊記念館）だった。

早川さんは、明治三十六年に白虎隊の聖地飯盛山の麓に生まれ、幼少から白虎隊に親しんで育った。旧制会津中学を卒業して、福島民報社などの新聞記者をへて、独学で司法試験に合格した方である。

私は若松時代、月に何度も白虎隊記念館にお邪魔してあれこれ話を聞くのが楽しみだった。新聞記者は自分で時間管理をしているので、自由に走り回ることが出来た。

早川さんが書かれた回想録をいただいたのは平成元年、私が福島本社に戻って、大分たってからのことだった。それを思い出して本棚から探し出した。

ページをめくると、カラー写真のページに間違いなく美人画で知られる歌川春貞《うたがわはるさだ》作『京都守護職松平容保公』の絵があった。

それは気品に満ちた若き日の容保公の姿だった。

奈波さんはこの絵をベースに水もしたたる容保公を描いた。作品は大ヒットを続けている。

転がる死体

京都で天誅《てんちゅう》の嵐が吹き荒れるのは、文久二年（一八六二）の夏からである。会津藩主松平容保が京都守護職として京都に赴任しても一向にテロは収まらない。

容保が京都に入る直前、前関白九条尚忠《くじょうひさただ》の家臣島田左近《しまださこん》が暗殺され、その首級《しゅきゅう》が加茂河原に晒された。

「まさか」

容保は青ざめた。

誰しも殺されることには恐怖を感じる。

井伊直弼の愛妾《あいしょう》で、のちに長野主膳《ながのしゅぜん》の妾《めかけ》となった村山可寿江《かずえ》が、三条河原で生き晒しにされ、翌日、息子の多田帯刀《たてわき》が暗殺され、粟田口に梟首《きょうしゅ》されたとき、京都市民はふるえあがった。

　翌文久三年正月二十二日には、儒者の池内大学《いけうちだいがく》が暗殺され、その首級が難波橋《なにわばし》に晒された。池内はもともと京都の人で、儒学をもって堂上家に出入りし、名声すこぶる聞こえていた。

　その二日後には、池内の左右の耳を切って、正親町三条実愛《おおぎまちさんじょうさねなる》卿邸と中山忠能《ただやす》卿邸に投げ込まれた。日々、テロの連続である。

　一橋慶喜もテロに晒された。

　宿舎の前に、白木の板に載せた首級が置かれてあり、そこに小笠原図書頭《おがさわらずしょのかみ》、大目付岡部《おおめつけおかべ》駿河守《するがのかみ》、目付沢勘七郎に宛てた一書が添えてあった。その書には、

「速やかに攘夷の期限を定め、天下の疑惑を解くがよい」

とあった。

　会津藩兵は、初めて事態の深刻さを肌で感じた。

　尊王攘夷の中核は長州藩だった。

　元来、京都人の風俗は、優柔沈着だったが、近年、浮浪の徒が横行し殺戮をほしいままにしたために、夜間は早くから門戸を閉ざし、往来は途絶え、さびしい状況になっていた。

　会津藩の苦悩をよそに、政事総裁職松平春嶽の無責任さは、あきれるばかりだった。都合が悪くなると病と称し、総裁職を返上、帰国する始末だった。

守護職屋敷

最近、会津藩の京都藩邸の発掘調査が話題になっている。

会津藩ははじめ黒谷の金戒光明寺に仮本陣を置いたが、長期滞在になることは必至とあって、現在の京都府庁舎の所に会津藩京都守護職屋敷の建設を始めた。

敷地三万坪、周囲を高い二階建ての白壁・海鼠《なまこ》壁《かべ》の長屋で取り囲んだ。海鼠壁とは平瓦を張り、漆喰で固めた壁面であった。

長屋の中は藩士や使用人たちの住居で、二階には百畳を超える広間もあった。玄関へは栗石を敷き詰め、玄関の天井も鏡天井といった豪華なつくりだった。残念ながら今日、玄関の門を除いて何も残ってないが、図面を見ると十分に文化財になりえる建物だった。

会津藩は、この守護職屋敷に外交をつかさどる「公用局」を設けた。従来の機構にはない新しい組織だった。もともと会津藩には外交をつかさどる公用人という役職があった。それを集めて局に編成したのである。

容保は時折、公用局の者を召し出して慰労した。容保は穏やかな人柄で、皆の意見もよく聞いた。あるとき、局員の一人小森《こもり》久太郎《ひさたろう》が言った。

「恐れながら難事に臨んでは、策略もあってしかるべし」

するど容保は、

「策略はよくない。至誠をもってすれば、人は自《おの》ずから服従するものだ」
と、答えたと『会津藩庁記録』にある。
容保は浪士に寛容で、なんでも申し出よと布告したことさえあった。

幕政の失敗

いまにして思えば、会津藩ではなく新たに治安部隊を編制して京都に送り込むべきだった。どんな部隊かといえば、幕府の陸海軍を中核に京都見廻組、新選組などを配下に収めた新しい軍団である。

作戦を指揮するのは勝海舟《かつかいしゅう》、榎本武揚《えのもとたけあき》、大鳥圭介《おおとりけいすけ》ら海千山千の幕臣をあてるべきだった。

あるいは、京都の守備範囲を東西にわけ、庄内《しょうない》藩、桑名《くわな》藩、長岡《ながおか》藩なども初期の段階から投入、会津藩の負担を軽減すべきだった。

仙台藩も登用すべきだった。

仙台藩祖伊達《だて》政宗《まさむね》は秀吉、家康を手玉に取り、将軍の座を狙い、あと一歩まで追い詰めた逸材だった。

そうすれば京都の防衛軍に厚みが増し、薩長に手玉に取られることはなかったであろう。

慶喜も春嶽も単眼的で、複眼でものを見る思考力に欠けていた。

私は〈明治維新〉とは、鎌倉以来六百年以上武家が持っていた権力が移動したのだから革命であると考えている。しかも、急進公卿《くぎょう》の一部と薩長藩士の一部による〈革命〉であったと考えると、維新史はすっきり解釈できる。

長州が幕府打倒を明確に掲げ、幕府、会津に迫って来た。薩摩は当初、反長州だった。会津と手を結び、孝明天皇を担ぎ、宮門クーデターを断行。文久三年八月十八日の七卿落ち、それに続く禁門の変、そして第一次長州征伐の頃から、慶喜はぶれ始める。

池田屋事件

会津藩と新選組は、彼らの動きを懸命に追った。京都の町に火を放って、その混乱に乗じて孝明天皇を拉致し、京都守護職松平容保を血祭りにあげるという噂が京都市中に流れた。

長州藩は約四十人の秘密工作員を京都に残していた。強硬派は久坂玄瑞である。朝廷内部が過激派の公家を自家薬籠《やくろう》中のものとし、勝手に勅書をばらまいていた。

元治《げんじ》元年（一八六四）六月五日のことである。近藤勇《こんどういさみ》と土方歳三は二つに分かれて過激派の行方を探索していた。近藤は、かねて長州のアジトとにらんでいた池田屋を内偵すると、ぽつりぽつりと人が入って行く。池田屋が怪しい。近藤は確信をいだいた。会津藩に知らせると応援を出すという。しかしなかなか来ない。しびれを切らせた近藤が池田屋に飛び込むと、軒下に鉄砲と槍が十挺ばかり立て掛けてある。

以下は、永倉新八『新撰組顚末記』による。

「主人はおるか、ご用改めであるぞ」

と声を張り上げた。亭主の惣兵衛は大いに驚き、梯子段に駆け付け大声でいった。

「皆様、旅客調べでございます」

その瞬間、近藤が惣兵衛を拳骨で張り飛ばした。惣兵衛は目を白黒させてその場に昏倒して気絶した。二階に上がる階段は従来、玄関を入って正面となっていた。しかし、昨今裏口の階段を上ったという説が有力になっている。確かにこの方が合理的である。浪士たちを正面の階段から逃し、下で槍をかまえていればひと突きにできる。

惣兵衛の声で、二階は騒然となった。近藤は階段を駆け上がり、

「無礼すまいぞッ」

と睨みつけた。

浪士たちは刀を抜いて立ち上がり、ここから大乱闘がはじまる。当時は皆が大なり小なり剣術を学んでいる。心の準備もできているはずではあるが、実戦となると、大半の者はまず逃げることが先にたつ。誰でも命は惜しい。相手を殺戮する気構えの集団と、口角泡を飛ばして論じてばかりいる人間とでは、勝負にならない。

このときも近藤の気迫にのまれて、立ち向かった者は少なく、座敷にいた二十余人は、一目散に階段を駆け降りたり、天井裏に隠れたり、二階から身を躍らせて飛び下りたりし

きた。しかし、下にも新選組がいると分かるや、窮鼠《きゅうそ》猫を噛むである。猛然と斬りかかってきた。

池田屋での立ち回りは尾ひれがついて、実際とはかけ離れた武勇伝になったむきもあるようだが、なかでも永倉の活躍は鮮やかだった。自分で自分のことを描くのだから、当然といえば当然である。

永倉がふと藤堂平助《とうどうへいすけ》の方を見た。藤堂は、ふいと物陰から躍り出た敵に眉間を割られ、流れ出る血が目に入って難儀している。敵も強い。

惨憺たる有様

永倉に斬りかかって来た男がいた。なかなかの腕で永倉に斬り込ませない。必死になって奮闘したが、敵の刃先が永倉の胸のあたりに、スッスッとくるので、永倉の着物がさんざんに斬り裂かれた。危ないところである。

敵が小手にきたので、永倉はそれを外し、得意の面を打つと、敵は見事に左の頬から首にかけて斬り下げられ、血煙《ちけむり》をたてうち倒れた。すさまじい斬り合いだった。

結局、どうなったのか。新選組が浪士の大半を斬り伏せたが、池田屋は惨澹《さんたん》たるものだった。襖や障子など一枚として満足なものはなく、みな木端微塵《こっぱみじん》に打ち壊され、天井板も下から槍で突き上げたので、これも裂き砕かれた。

座敷はいたるところ鮮血が点々と畳を染め、斬り落とされた腕や足が散乱し、毛髪がついたままの鬢《びん》の一部が斬り削がれて落ちていた。

永倉の描写は戦闘のすさまじさと恐怖を物語っていた。腕や足を斬り落とされた浪士は多分、しばらくの間、生きていたに違いない。結局、出血多量で死に至ったと思われるが、思わずゾッとする光景だった。殺し合いとはこのようなものであり、沖田総司《おきたそうじ》が胸を押さえてこの場を去ったのも、分かるような気がした。

近藤の報告では「一時間余の戦闘で打留め七人、手傷四人、召し捕り二人」とあるが、召し捕り二十二人とも二十三人との説もあった。遺体は周辺の寺に引き取りを依頼したが、どこも引き取り手がなく、その間、三縁寺の本堂に四斗樽に入れて安置していたが、真夏のため死体の腐乱がひどく、境内のごみ捨て場に埋葬したといわれる。

新選組といえば子母澤寛《しもざわかん》の新選組三部作が圧巻である。子母澤は新聞記者の出身なので、読みやすい。それだけではない。取材で得たネタが山ほどあった。

池田屋事件は『新選組遺聞』に収録されているが、出だしがすごい。まるで映画を見ているようである。登場するのは京都壬生《みぶ》の八木為三郎翁である。

あの日（元治元年六月五日）はいい天気でした。私は下男をつれて朝の中に寺子屋へ行きましたが、帰り道に、前川の前を通ると、誰でしたか忘れましたが、

「いまお帰りか」
と、隊士が声をかけたのです。お昼頃だったと思います。
それで私が門内へ入ると、隊士達が、三人五人ずつ、方々に集まってひそひそ話してい
る。刀を抜いて打振っているものもあれば、頻りに奉書紙でこれをふいているものもある。
ふと見ると、馬詰の倅（芹沢鴨《せりざわかも》斬殺の日八木方で留守番をしていた馬詰柳太郎《まづめりゅうたろう》のこと）が、
白いかたびらの下へ撃剣の竹胴を着ているのです。
おかしいなと思って気をつけると、外にも沢山着ている。
「どうしたんですか、そんなものを着込んで」
と、いいますと、馬詰が、
「これからみんなで京都の道場荒しに出かけるのだ」
という事でした。
その中に、三人五人ずつ、草履をはいたり、駒下駄をはいたりして、単衣《ひとえ》もの姿で日頃
と変った様子もなく、大きな声で話をしながらぶらぶら出て行きました。
近藤だの土方だのという人達は見えませんでしたが、永倉新八の声で奥の方で何か怒鳴
っていたように思います。
この晩、前川の方がひどく静かで、私の方へも誰も来ないので、みんな珍しいことだと
話し合っていました。隊士達がいる時は、誰か詩を吟じたり、何にか号令をかける真似を

したり、流行歌のようなものをうたったり、それはそれはガヤガヤしているのですが、この晩に限って、ひっそりとしている。

その中に、下男が、何処で聞いたのか、

「今夜は何か大きな捕物があるのだそうです」

という話をしました。そうすると、私が昼に見た竹胴をつけていた事も意味がわかるので、

「みんな出かけるようでは余程手剛い相手だな」

と、父も申していました。

翌日、私共で少し遅いお昼をたべていると表の外が俄《にわ》かに騒がしいのです。その中に下男が、

「みんな血だらけになって帰って来ました」

というので、さあ私共も吃驚《びっくり》して、箸を放り出すようにして飛んで出て見たのです。ところがどうです。昨日出かける時には下駄ばきだった人達も、みんな脚絆《きゃはん》をつけた草鞋ばきのきびしい足拵えで稽古着に袴をはき、股立《ももだち》をとって、それにぽたぽた血潮がついていたり、半身真赤に血だらけになっていたり、竹胴をつけた者、皮胴をつけた者、鎖の着込を着た者、小具足のようなものをつけた者、まちまちで、大ていは筋金の入った白い木綿の鉢巻などをしているのです。

中には、やはり胴の上へ単衣をちゃんと着ているものもあったし、着物をばさりと、肩へかけて来たものもあり、中で主だった者七八人は隊の制服の例の浅黄色の山形のある麻の羽織を、皮胴の上へ陣羽織のように引っかけていました。

沖田総司が真青な顔をして、真先に歩いていていました。その傍にはたしか土方歳三がいたと思います。


臨場感あふれる表現だった。

京都攻撃

長州藩の政庁がある山口は日本の激震地であった。池田屋事件に激しく反応した。元治元年（一八六四）五月、長州藩は久坂玄瑞、来島《きじま》又兵衛《またべえ》らの建策で、家老国司《こくし》信濃《しなの》の京都派遣、同福原越後《ふくはらえちご》の江戸派遣、世子定広の上京を決め準備を進めていた。そのさなかに池田屋事件が勃発したのだった。

その顚末が山口に伝えられるや、久坂玄瑞は、すぐ三田尻に向かい、来島又兵衛、真木《まき》和泉《いずみ》らと夜遅くまで軍議を開いた。三田尻は周防灘に面した現在の防府《ほうふ》市である。

「京都に攻め入るべし」

というのが集まった全員の声だった。

六月十六日には来島又兵衛が遊撃隊を率いて先発した。来島は禄高五十九石余の馬廻り役で、体軀は人にすぐれて大きく、剣術、馬術に長じた。総督国司信濃の参謀として各地で戦い、射撃に巧みな猟師を集めて遊撃隊を編制し、上洛したが、八月十八日の政変で京都から撤退を余儀なくされ、上京の機会を狙っていた。

いよいよ決戦の時と家老福原越後が京都に向かった。福原越後は支藩徳山藩主毛利就寿の第六子である。久坂も真木和泉、寺島忠三郎《てらしまちゅうざぶろう》らと兵を率い、海路大坂に向かった。

久坂玄瑞の「義挙日記」（『久坂玄瑞全集』マツノ書店）に次のようにある。

六月十六日、富海より全員乗船、二十一日大坂に着す。二十二日、福原大夫着船、二十三日、来島政久（又兵衛）先鋒、福原大夫軍を率いて東上。夜九ツ半（午前一時）真木保臣（和泉）、久坂通武（玄瑞）全軍乗船。このとき、道傍に観る者蟻集、雑踏す。皆々、「長州さま、われわれ共のためご苦労なされ候」と申す。米塩の価値なども、にわかに減じ候よし。石山城の下を過ぎ、夜すでに明るく。軍令ならびにこの度の嘆願書を諸隊に観せしむ。

この記述で注目されるのは、淀川ぞいの住民たちが群がって長州勢を歓迎し、「ご苦労さん」

と声をかけたという事実である。

これはなにを意味するのだろうか。ここに集まった人々は、池田屋事件をとうに知っていたであろう。池田屋で斬られた長州藩士に同情を示したのか。幕府の政事が庶民からは飽きられはじめていたのか。

さまざまのことが推理される。庶民の間にも新しい時代を待望する、なにかが芽生えていたように思う。開国か攘夷か。これはあくまでも対立軸の話であった。攘夷は反幕府という意味だった。

国際情報に強い晋作が、本心から攘夷に徹しているわけではなかった。攘夷は倒幕の口実だった。

問題は薩摩がどうでるかだった。会津一藩なら撃破は不可能ではない。しかし前回とおなじように薩摩が会津に付けば、勝利は困難になる。今回は薩摩が中立を守るという情報もあった。しかし確証はなかった。

こうした事態に孝明天皇は会津だけでは心もとないと、薩摩の島津久光に上京を求めた。当時、薩摩もさまざまな問題を抱えていた。攘夷から開国への政策転換である。あくまで攘夷実行と叫ぶ長州は、薩摩にとっても望ましくない存在だった。

薩摩の史家 芳即正《かんばしのりまさ》 氏の『島津久光と明治維新』によると、久光が上京したのは十月三日であった。千五百余の軍勢を引きつれ、兵庫に上陸、長州勢が何をするかわからないというので、供侍《ともざむらい》に交じって、京都に入った。京都に入った久光は会津藩の幹部とも会い、容保は幕府の匂いが薄いと感じた。会津藩公用方の秋月悌次郎や広沢安任《ひろさわやすとう》にも会った。そこでどのようなことが話し合われたのか、会津側の史料には見当たらないが、久光の積極さを物語る行動だった。その久光が帰国し、替わって上洛して来たのが西郷隆盛（吉之助）だった。

苦労人

西郷は数々の修羅場をくぐりぬけた苦労人だった。

安政の大獄で追われた僧月照《げっしょう》に同情して錦江湾《きんこうわん》に身を投げたこともある。

そのことで奄美大島《あまみおおしま》で三年すごし、文久二年二月、久光からの召還帰国命令で、鹿児島に戻った。戻ってみると、京都は騒乱状態で、久光は上洛せんとしていた。西郷は久光が過激派に利用されることを恐れ、藩内の過激派を抑えんとしたが、逆に久光に疎まれ、今度は沖永良部島《おきのえらぶじま》に流された。

西郷は二度の離島での暮らしで農民の苛酷な暮らしに深い同情を覚えた。奄美大島では島民を厳しく縛り、砂糖生産を強制し、搾取していたことに怒りを覚えた。砂糖きび以外の作物を栽培し、役人に見つかると、足腰たたぬほど鞭で打たれた。薩摩藩のやり方は、ひどすぎた。西郷は農民に同情し、役人の不正を追及した。沖永良部島でも農民の味方だった。

時代はそういう西郷を必要とした。

地ゴロ

久光はどうも西郷としっくりいかなかった。

西郷が見たところ久光は、その辺りにいっぱいいる「地ゴロ」の一人だった。「地ゴロ」とは薩摩で田舎者を意味する言葉である。長い世子の期間を江戸で過ごし、諸大名や世子たちと広く交友してきた斉彬《なりあきら》と、生まれてから鹿児島を離れたことのない久光を対比した比喩だったが、これは失言のきらいがあった。久光もそれなりに能力があったからである。

そういう目で見る西郷を久光は嫌った。しかし藩内には西郷の復帰を望む声が強く、久光も押し切られた。

元治元年（一八六四）一月、西郷に召還の命が下り、西郷が藩の汽船胡蝶丸《こちょうまる》で沖永良部島から鹿児島に着いたのが同年二月二十八日だった。

それからすぐ上京を命ぜられ、薩摩藩の軍賦役として朝廷サイドにたって日々、奔走した。西郷は長州藩の過激な行動には批判的だった。

当初、京都の薩摩藩邸では、この争いを会津と長州との私闘と見なし、局外中立の態度でいた。しかし長州の目的が単に会津をどうこうするのでなく、兵力を以て朝廷の意向を変え、文久三年八月十八日以前の状態に復せんとすることが明らかになった。

長州兵が上京するや西郷は徹頭徹尾、朝廷奉護のもとに行動した。六月二十七日付けの大久保利通《おおくぼとしみち》（一蔵）への手紙には、長州との一戦やむなしと、大要こうあった。

今日に至り長州暴横、朝廷を八月十八日以前に打ち替え、我が意を働くの趣意と相見得申し候次第に御座候えども、いずれ、勅命を以って征討の旨、相下り候得ば、長と相戦わず候ては叶わず時期も之あるべしと決心致しおり候。（『大西郷全集一』、大西郷全集刊行会）

西郷の要請で薩摩藩は数百人の援兵を汽船で京都に送りこんだ。

西郷はいずれ勅命を以て長州征討の命が下るとみていた。

幕府の命で動くのではない。朝廷の命で出兵するというのが西郷の考えだった。西郷はよく敬天愛人《けいてんあいじん》という言葉を使った。

「人を相手にしないで、天を相手にし、おのれの行動には誠を尽くすべし。なにかあっても人を咎めるようなことはせず、己の真心が足りないと反省せよ」

という意味である。これは二度の離島生活で得た人生訓だった。そうした西郷に薩摩の人々は、未来を託した。

大文字の送り火

京都の夏の風物詩は大文字の送り火である。この年は世情穏やかならざるものがあった。長州勢が都の奪還を目指し、兵を送り込んでいたからである。そうしたなかで七月十六日夜の送り火は、一服の清涼剤であった。

孝明天皇が、過激な尊王攘夷運動を繰り広げる三条実美《さんじょうさねとみ》らの公家を京都から追放したのは前年の八月十八日である。しばらくは宮廷も平穏だったが、三条らをかくまう長州勢が京都近郊に兵を繰り出し、巻き返しを図ったことで、一気に京都市民の不安は増大した。

その兵は六月末までに二千人以上に達し、孝明天皇は怒り心頭に発し、長州藩京都留守居の乃美《のみ》織江《おりえ》に対して兵を撤去するように命じたが、長州側は京都守護職の松平容保を御所九門の外に退去させることを求め、天皇の要求に応じなかった。そこで孝明天皇は参内した一橋慶喜らに、長州藩士らの討伐を命じた。

戦闘必至と見た会津藩は、長州の暴挙に対抗するためには薩摩藩の協力が不可欠と考え、早速薩摩藩邸に使者が送られた。

このとき誰が行ったかの記録はない。薩摩との関係からすれば、使者のなかに秋月悌次郎や広沢安任が入っていたに違いない。

会津側は、西郷もやる気満々とみて、早速協議に入れるものとみていたが、そうではなかった。西郷は実にそっけなかった。

「我が藩には禁裏守護の兵しかおらぬ」

と渋い表情だった。西郷は単純な男ではなかった。主君久光の命令とはいえ、「はい、そうですか」とは言えない事情があった。

会津とは友好関係にあるが、長州といつまでも反目を続けるのも困る。

長州をいじめすぎると喜ぶのは幕府だ。幕府の力が強まるのは、薩摩にとって好ましくはない。それが西郷の考えだった。加えて藩内に長州に対する同情論もあった。

それを知った会津藩は、前関白の近衛《このえ》忠熙《ただひろ》公に手を回した。近衛は早速、西郷を呼んだ。

「帝は長州の動きを断じて認めてはおられない。これは勅命である」

と釘を刺した。西郷は黙って聞いていたが、

「勅命とあれば、会津を支援いたす」

と答えた。

勅命の威力は絶大だった。西郷は百八十度変身した。これを受けて一橋慶喜も意を強くし、十八日中に撤退しなければ、追討すると長州に伝えた。

幕府、会津、薩摩がこぞって長州に立ち向かうことになった。この時点で長州に勝ち目はなくなった。この知らせが長州藩にも入った。進撃は自爆行為になる。長州軍の内部に

撤退説が出た。

「ならば会議をひらく」

と来島又兵衛がいった。

来島激怒

長州軍は七月十七日、幹部二十人ほどが男山八幡の本営に集まった。その模様が武田勘治著『久坂玄瑞』に記述されている。

口火を切ったのは来島である。

「諸君はもう進軍の用意は整っておるか」と皆を見渡した。しかし、誰も答えない。

それを見て来島の顔色が変わった。

「いままさに宮門に迫って君側《くんそく》の奸《かん》を除かんというのに、諸君が進軍を躊躇するのはなんたることだ」

と怒鳴った。来島はこうと決めたら、後には引かない男だった。なにがなんでも京都を回復することが、君公に対する忠義だと信じていた。皆沈黙した。すると久坂がいった。

「もちろん、我々は君側を清めることは覚悟の上である。しかし、その時期はまだ到来せぬように思われる。元来、君冤をすすぐために、嘆願を重ねるということであったはずであり、我が方から戦闘を開始すべきではない。世子君の来着を待って進撃するか否かを決めるべきだ」

　これを聞いて来島が激怒した。

「世子の来着を待つなど、とんでもないことだ。それでは世子に責任を負わせることになる。世子の来着以前に断然、進撃すべきだッ」

　と声だかに皆を睨んだ。久坂も黙っていない。

「いま軍を進めて天子の御前に迫ったところで、後援はなく、勝利は困難である。しかも我が軍はまだ準備が整っていない。必勝の見込みがたつまで待つべきだ」

　と必死に食い下がった。その途端、来島の顔が、みるみる真っ赤になった。

「卑怯者ッ」

　と激しくののしり、

「医者、坊主などに戦争のことが分かるか。諸君、もし身命を惜しんで躊躇するのであれば、勝手にここに留まっているがよかろう。余はわが一手をもって君側の奸を除くッ」

　と憤然として席を蹴った。久坂は藩医の息子である。これは侮辱であった。

　来島はこうもいったという記録もある。

「玄瑞、いま我々がここに来ておるのは家臣としての本分を尽くさんためである。汝らは戦争を知らない。東寺の塔にのぼり、又兵衛が鉄扇を以って賊軍を粉砕するのを眺めるべし。我は即進撃して本分を尽くすのみだ」

この会議、来島の独り舞台だった。皆、押し黙り、誰も言葉を発しなかった。しばらくして、久坂が久留米の神官真木和泉に聞いた。

「真木どの、いかがでござる」

「拙者は来島君に同意いたす」

真木和泉がいった。年長者の真木和泉が同意したことで、会議は強行突破に傾いた。かくて「会賊討伐」の決戦状を朝廷に奏上し、義挙の真意を在京諸藩に告げるため、椿弥十郎が京都所司代のもとに向かった。

久坂はこの行動を納得してはいなかった。

久坂はどう考えても、この戦闘で勝機を見出だせなかった。しかしここまで来た以上、後戻りはできない。長州藩過激派、久坂玄瑞の悲劇であった。こうして矢は放たれた。

禁門の変

長州勢は天王山、天龍寺、伏見の三地区に集結した。その数約千六百である。

白鉢巻きに甲冑姿、抜き身の槍を携え、周囲に提灯、松明をともし、気勢をあげた。先陣を切ったのは伏見に陣を構えた筆頭家老福原越後の先鋒隊五百である。十八日深夜から行動を開始し、伏見を守る大垣兵と戦闘になった。

開始早々、福原越後が肩を撃たれて、指揮がとれなくなり、

「一人勇将を寄越してくれ」

と来島に連絡をした。

二十人ほどが応援に向かい、戦況を立て直し、今度は竹田街道に進路を変え、進撃せんとしたが前方に新選組が現れ、勇猛果敢に攻めたてられ後退を余儀なくされた。

来島の一隊は午前二時に天龍寺を出た。天龍寺は、後醍醐天皇の冥福祈願のために、足利尊氏が建立した臨済宗天龍寺派の総本山である。

来島は部隊を二つに分け、一隊は国司信濃が率いて北野から中立売門《なかだちうりもん》に向かった。

御所間近になったとき来島は隊を二手に分け、自ら兵二百を率いて蛤門《はまぐりもん》に向かった。蛤門を守るのは会津兵である。

来島は最強の会津藩に決戦を挑もうと、あえてここを選んだ。もう一隊二百は下立売門《しもたちうりもん》に向かった。

御所には九つの門があった。

堺町門は越前、下立売門は土佐と仙台、蛤門は会津と藤堂、中立売門は筑前、乾《いぬい》門は薩摩、今出川門は久留米、石薬師門は阿波、清和院門は加賀、寺町門は肥後で固めた。禁裏の建礼門、唐門、台所門、朔平《さくへい》門《もん》は一橋、紀州、尾張、水戸、会津、桑名、彦根の各藩兵で固めた。鉄壁の守りであった。

この戦い、会津を始め御所を守る軍勢は全員、帝の軍隊、官軍である。一人長州だけが賊軍だった。

どうみても、幕府絶対有利の態勢である。来島はこの御所にどう攻め込み、天皇を自らの陣営にどう取り込むのか。その戦略は見えず、ほとんど不可能への挑戦だった。

久坂は本隊八百の指揮官だった。

本隊は十八日の夜半、天王山から進軍を開始したが途中、道が悪くて砲車を運ぶにも苦労した。夜が明けたので、河原で朝食をとっているうちに、早くも御所の方角から砲声が聞こえた。

久坂は兵を急がせ、午前八時ごろ、やっと堺町門に迫った。本隊はかなり出遅れていた。この出遅れには久坂の懐疑的な気持ちが反映していた。

御所に発砲した長州は賊軍

御所周辺の戦闘は早朝からはじまった。

蛤御門には会津藩の一瀬伝五郎隊、林権助隊がいた。両隊は会津が誇る大砲隊である。唐門前には山内蔵人隊がいた。

御所のなかで陣頭指揮をとったのは一橋慶喜である。

この日、慶喜は濃い紫の腹巻きの上に白羅紗に黒の葵の紋が付いた陣羽織を羽織り、熊毛の尻鞘の金装の太刀を腰に差し、立烏帽子《たてえぼし》に紫の綾の鉢巻きを締め、小袴の裾を高くりあげ、金の采配を手に動き回る派手な出で立ちだった。

ドンドンと大砲が撃ち込まれ、その都度、慶喜は右に左に走り回り、守備の兵を激励した。

後にも先にも慶喜が戦う姿はこの時だけだった。その間も大砲、鉄砲が御所に激しく撃ち込まれ、御所のなかはパニック状態になった。

天皇が比叡山に立ち退くとの流言が飛び、神器を入れた唐櫃が縁側に並べられ、公家は手に草履を持ち、いまにも出かける風情である。

手代木《てしろぎ》直右衛門は容保のもとに駆け付け、慶喜の意向を伝えた。容保も気が気でない。天皇に御安心くださるよう申し上げねばならない。

桑名藩主で京都所司代である弟の松平定敬《さだあき》とともに常御殿《つねごてん》にのぼると、関白以下が天皇の御前に並び、公家たちは衣冠の上に襷をかけ、天皇を守護していた。

容保は天顔を拝し奉り、

「臣ら誓って玉体をお守り奉る」

と申し上げると、天皇はうなずいてご慰労の言葉を述べられた。退いて関白や中川宮に立ち退きの不可を申し上げた。その頃から戦いは一段と激しさを増した。

国司信濃を大将とする天龍寺勢が市街に潜伏した浪士に誘導され、勝手知った公家の屋敷に入り込み、鉄砲を乱射し、御所に照準を合わせて砲撃をはじめた。

轟音と共に砲弾が御所を飛び交った。砲撃は中立売門、下立売門、蛤門に集中した。会津は大砲を引き出して長州軍を撃退した。公家たちは大いに慌て、御門を奉じて比叡山に逃げる算段をはじめた。

これに気付いた一橋慶喜が「ならぬ」と一喝して止めた。日ごろ大口をたたいている公家衆だが、まず頭に浮かぶのは逃げることだった。

会津の砲撃が功を奏し、鷹司邸に籠る久坂玄瑞、志茂忠三郎らを吹き飛ばした。

久坂の妻は松陰の妹である。にもかかわらず京都に女が出来た。恋人のお辰に、せっせと恋文をだし、禁門の変直前にも逢引していた。ここで命を落とすのか。死んでも死にきれない思いだったろう。恋人のいる京都で命を落としたのだからせめてもの救いだろうという声もあるが、あの世には鬼より怖い松陰センセイがいる。こっぴどく浮気を叱責されたに違いない。

薩摩の援軍

薩摩兵では川路《かわじ》利良《としよし》の活躍が目立った。

川路は、「あの大将を狙えッ」

と叫んで薩摩の大将来島又兵衛を討ち取った。

「大将がやられたッ」

兵は動転し、力士隊の兵士が来島の遺体を担いで逃れ、たちまちこの隊は総崩れになった。

会津藩は薩摩に助けられた。

指揮官の内藤が兵を闇雲に突貫させたのは失敗だった。

内藤は戦闘後、譴責《けんせき》処分となった。

長州勢は、藩邸や占拠していた鷹司邸に火を放って逃走した。

火は九条邸にも燃え移り、さらに中立売門周辺に広がり激しい北風に乗って三日間、燃え続けた。京都のドンドン焼けである。

久坂の部隊は堺町門を避けて鷹司邸にいた。邸の前に会津兵が布陣する御花畑がある。そこを突破すれば御所に侵入できた。

久坂が飛び込んだとき、鷹司卿は束帯姿《そくたい》で参内するところだった。

「われわれは嘆願のために参りました。どうかお供を」

と久坂は袖にすがった。それどころではない。鷹司卿は久坂を振り切って御所に駆け込んだ。こうなれば戦うしかない。

久坂は塀によじ登り、御所に向かって発砲した。一体、自分は何をしているのか、久坂は訳が分からなくなっていたに違いない。

帝が住む御所に銃撃をくわえているのだ。

これは自己矛盾だった。

あってはならないことを自分はしている。頭が混乱した。

この日の久坂は甲冑姿だった。戦闘が始まって膝に銃弾を受け歩行が困難だった。戦況はどんどん悪化し、ここは天王山に避難し、再起を図るべしとなったが、久坂は歩けない。涙を流しすわりこんでいた。

仲間の野村靖が「髪が乱れている」といって櫛を出して久坂の髪を整えてやった。そこへ会津兵がどんどん侵入してきた。皆、槍で戦ったが、多勢に無勢、もはやどうにもならない。

野村は久坂を気づかった。久坂は目もやられ、立てない状態だった。

武田勘治著『久坂玄瑞』に久坂の最期が記載されている。

「邸内土柵の側に座し、自ら兜《かぶと》の紐《ひも》を解かんとし玉うものの如し、予は之を見て、走り至り介錯すべきか否やを問うに君に声を発すること能《あた》はず、唯手を以って予を推し速に去るべきことを示さる」

久坂はこの後、自決したに違いなかった。

真木、死を選ぶ

長州勢はその夜のうちに大半は引き揚げたが、久留米の真木和泉は二百人ほどの同志と山崎に退き、十九日午後二時ごろ、天王山に帰り着いた。

天王山に残っていた長州の宍戸九郎兵衛は真木に対して、長州に退いて再起をはかることを勧めたが、自分は今回の挙兵の巨魁《きょかい》であり、血をもって禁門をけがした罪が大きいとして死を選ぶと帰国を断った。

これを知った会津藩と新選組は、天王山に向かった。二十一日のことと思われる。

天王山の麓にたどり着くと、八幡神社の境内に大砲が捨ててあった。

新選組はこの大砲を捕獲して、山上に向けて続けざまに発砲し、炎天のため甲冑を脱ぎ捨て身軽になって山をのぼった。

「かかれ、かかれ」

と下知《げじ》して、会津、薩摩、新選組の兵士が山頂に達すると、その一角に金の烏帽子をかぶった真木和泉が金切割の采配を手にしてすっくと現れた。

両軍入り乱れて撃ち合いになった。

すると真木が、

「引けッ」

と陣小屋に駆け込むと、たちまちもうもうと煙が上った。

やがて陣小屋は赤い炎をあげて燃え尽きた。火がおさまってから小屋の跡をのぞくと、黒焦げの死体のなかに、直垂の焼け残りと、見事な切腹の遺体があり、それが真木和泉ではないかと思われた。

真木和泉の歴史的役割はなんだったのか。

真木はこのとき五十二歳である。もう冒険の年代ではなく円熟の年代だった。

その彼がなぜこうした行動に出たのか。不可解な側面をもつのが、当時の過激派だった。

長州の死者五百人

長州藩の死者は五百人前後とされ、それらの人々には家族、親戚、知人がいる。一人に十人の関係者がいるとすると、五百人だと五千人が怨念を抱くことになる。戦争はこういう副産物を産む。

会津藩と長州藩はもはや抜き差しならない怨念の関係になった。こうなってはどちらかが倒れるまで、とことん殺し合うしかない。

事態は悪化する一方だった。京都守護職は実に損な役割だった。

鷹司邸は燃え落ち、長州勢は御所の周辺から撤退し、ようやく勝利が確認された。

記録によると、焼失家屋は、世帯数二万七千五百十三軒、町数八百十一町、土蔵千二百七棟、橋梁四十一、宮門跡三、芝居小屋二、公家屋敷十八、武家屋敷五十一、社寺二百五十三という大惨事だった。

焼死者の数知れずで、生まれたばかりの赤子と産婦を長持ちに入れ、安全なところまで運び、引き返して先祖の位牌を取ってくると、母子は黒焦げになっていた。

六角通りの国事犯の収容所、六角牢にも迫った。ここに生野代官所襲撃の平野国臣《ひらのくにおみ》、池田屋事件の古高俊太郎《ふるたかしゅんたろう》ら四十人ほどの国事犯が収容されていた。

大火の際、牢は切り放しが慣例になっていたが、管理者の滝川播磨守が国事犯の処断を決め、斬殺した。

これがまた長州勢の恨みの対象になった。本来、この大火災は長州勢の無謀な反乱によって起こったものだが、逆に幕府、会津が逆恨みを買うことになる。

志士と女

長州勢は女性にもてた。

橋の下に潜む小五郎に芸者幾松が毎日握り飯を落としてやったという話が有名である。

しかし、これは作り話のようである。飯を運んだのは長州藩御用達の勤王商人今井似幽《じゆう》（大黒屋今井太郎右衛門）が、下女のお里に命じてはこばせたのが本当らしい。

幾松は、小五郎が京に潜伏したらしいとうわさを聞いていたが、どこにいるか分からなかったようだ。河原町の対馬藩邸に大島友之允という留守居役がおり、長州のシンパだったので、幾松はこの人に相談して毎日一所懸命小五郎を捜して歩いた。

ある日、大津の方にいるらしいという話を聞いたので、なれぬワラジをはいて大津をめざし蹴《け》上《あげ》まで来ると足がズキズキ痛くなった。

仕方なく弓庭という茶店にすわり込み、足をさすっているうち、何気なく庭先を見て飛び上がるほどおどろいた。人相の悪いこじきが二人、たき火に当たっている。その一人が一瞬も忘れたことのない恋人の小五郎だった。

思わずかけよろうとすると、小五郎の目が微妙に動き、パチパチとまぶたで合図した。

「お前のうしろには密偵がついている。知らん顔していろ」

という合図だと解釈した幾松は、足の痛みも忘れて茶店をとび出した。ひき返し日向大神宮へはいると老婆がお参りにきた。小遣い銭を払い、小五郎のところに向かわせて、

「今夜粟田神社へ」と伝言をたのんだ。

老婆は心得てすぐ行ってくれたが、きれいな芸者と汚いこじきの取り合わせに、さぞおどろいたことだろう。蹴上でたき火していた相棒のこじきはやはり長州の広沢兵助、のちの参議広沢真臣《ひろさわさねおみ》だという説があるが、これははっきりしないということだった。

幾松は若狭《わかさ》国小浜城下の町人生咲市兵衛《きざきいちべえ》の次女で、舞の名手として知られた芸妓だった。

小五郎は、明治三年には幾松を長州藩士岡部富太郎の養女とし、正式に結婚している。その辺は律儀だった。

この世は金

小五郎らは思いきって京都へ金をつぎ込んだ。急進公卿へはワイロを贈り、祇園《ぎおん》や島原では気前よく豪遊した。このため市民はこぞって長州を支援した。会津は最後まで市民に親しまれなかった。数が多いのだから質素倹約しかなかったろう。

やはりこの世で大事なことは金だった。

池田屋事件、禁門の変以降、長州藩は会津藩に激しく敵意を抱き、

「松平肥後守、この者、玩愚固陋《がんぐころう》にして大義を知らず。正義の方々を謀反人などと種々無実の罪を讒奏《ざんそう》し勤王純一の長州をしりぞけ、朝敵のごとくに取り成し、己が私意を遂げんために恐れ多くも、兵威をもって朝廷に迫る」

と随所に文書をばらまいた。

ばらまき作戦である。

一方、会津の侍は、長州の宣伝戦で不利な立場にたたされた。根が真面目なうえに、懐が寂しい。公用人を除いては、接待交際費などあるはずもない。

会津人には浮いた話は皆無だった。唯一、祇園や先斗町《ぽんとちょう》で大いにもてまくった会津藩士がいた。この男、公金横領がばれ会津若松に送り返されるとき、女たちが送別の宴を開いてくれたという噂話が残っている。

会津人の浮いた話が、表面に出てこないのは、会津人の口の堅さと関係あるかもしれな

い。とにかくこういう体制破壊のテロリズムに、会津藩は全く不向きであった。ならぬものはならぬという道徳教育をうけた純粋培養の武士集団では、違和感がありすぎた。

なかでも特にめだった真面目人間は、先発隊として京都に先乗りした秋月悌次郎と広沢安任だった。名家老と評判の高い江戸家老の横山主税の眼鏡《めがね》にかなった人物だった。

秋月は文政《ぶんせい》七年（一八二四）会津城下に生まれた。家は貧しかったが、幼少から秀才のほまれが高く、藩校日新館を卒業して十九歳の時、江戸に上り、幕府の儒官 松平慎斎《まつだいらしんさい》に師事した。慎斉は、「学問の要は人間の道を知ることで詩歌文章にあるのではない」と教えた。秋月はその教えを生涯、貫くことになる。

二十二歳の時、幕府の大学校、昌平黌に入学した。

私が住む郡山出身の安積艮斎《あさかごんさい》の指導を受け、薩摩の重野安繹《しげのやすつぐ》と友情を交わした。

安積艮斎は郡山の安積国造《くにつこ》神社の出で、江戸で私塾を開き、岩崎弥太郎《いわさきやたろう》、小栗《おぐり》忠順《ただまさ》、栗本鋤雲《くりもとじょうん》、清河八郎《きよかわはちろう》らを教え、吉田松陰にも影響を与えたとされる。

現在の安積国造神社の宮司安藤智重《ともしげ》さんとは友人だが、会えば必ず艮斎の話を聞かされる。それが毎回である。すっかり艮斎通になってしまったのはいいが、昨今は艮斎疲れで、夜、パッと目が覚めるほどである。私も艮歳の間接的な弟子ということになろうか。

この時期、京都は連日連夜、テロに脅かされていた。遂には足利尊氏の木像が三条河原に晒された。いずれ幕府もこの運命にあるという脅しである。

会津藩は練兵を天覧に供し、武力を誇示したが、一行に効き目はない。

秋月に、一大転機が訪れたのは文久三年（一八六三）の七月である。

薩摩の高崎佐太郎《たかさきさたろう》が、秋月を訪ねて来た。高崎は重野安繹の弟子だった。

「世上、近来、帝の勅諚として世間に流布されているものは大半が偽物でござる。帝も嘆かれていると聞く。この際、会津と薩摩が同盟を結び、奸臣を成敗したい。お考えは如何」

と申し出た。一も二もなく賛成だった。

三条実美ら長州派の公家は官位をはく奪され、長州に都落ちしたのだった。

八月十八日の政変の背景には、こうした人脈による寝業《ねわざ》があった。

もう一人、これに加わった広沢は豊かな感性の持ち主だった。樺太を旅したとき、

「母に離れて遠くへ往くのは実は心配だ。しかし官命とあれば帰ることは出来ない。夜半悲しくてアゴに手をあて座っていると、山野から狐が啼き、霜を帯びた月は寒い」

と詩を詠んだ。

父はとうに亡くし、一人寂しく暮らす母を思う広沢の心情が目に浮かぶ。

長州人に比べると会津人は、自然や肉親に対する思いがきわめて深かった。

広沢は京都で佐久間象山と親しい関係になり、彦根遷都も画策したが実現はしなかった。

また新選組を統括し、近藤や土方と昵懇《じっこん》に付き合った。秋月と広沢は会津藩の二枚看板として活躍する。

長州征伐が発せられた時、その任に当たる藩は皆無だった。春嶽と慶喜は容保を軍事総裁に任じ、長州征伐をさせようとした。

「ならぬ。うけてはならぬ」

主席家老横山主税が烈火のごとく怒った。横山は将軍家茂《いえもち》が上洛し、直接、指揮を執るべきだと反論した。この問題を担当したのが広沢だった。

この時、幕府の方針がさだまらず、右だ左だと二転三転した。

その間に、長州は兵制の大改革を行い、農民、商人、大工、漁師、僧侶、穢多《えた》にいたるまで誰でも兵士に採用する領民皆兵の制度を作り上げた。

広沢は幕府の優柔不断さにあきれた。

秋月左遷

この時期から、どうも秋月の評判が悪くなる。妬みである。

秋月の後ろ盾だった家老の横山が病のために帰郷するや、一気に秋月批判が噴出した。

主君容保は、病弱なこともあって指導力がなく、これを阻止できない。事もあろうに秋月は蝦夷地の代官に飛ばされた。蝦夷地は京都から六百里、到るところ荒山深谷で羆《ひぐま》の棲み処《か》である。秋月はアイヌの人々と四十二歳の冬を過ごした。

京洛にあれば、謀《はかりごと》を献ずることもできようが、蝦夷地に流され、病《やまい》に臥している。死んで枯骨《ここつ》を埋めるのも悪くはない。樺太以南は皆、帝の国、帝州だから。

秋月は大要この様な詩を詠んでいる。

秋月に何か罪があるわけではなかった。

会津の家臣団は序列社会だった。しかも世襲である。最後にすべてを失う決戦に追い込まれるのは、薩長の謀略のなせる業だったが、自由な発言が出来にくい体質も柔軟な動きを妨げた。

秋月の不在もあって会津・薩摩同盟は瓦解し、薩摩は長州に接近、薩長同盟ができあがる。

慶応二年（一八六六）十二月二十五日、会津藩にとって最も不幸な事件が突発した。

会津藩を深く深く信任されていた孝明天皇が急死したのである。

孝明天皇は当初、頑固極まりない攘夷論者であった。徳川慶喜は、

「天皇は外国の事情は一切ご承知ない。昔からあれは禽獣《きんじゅう》だとか、なんとかいうようなことが御耳に入っているからいやだとおっしゃる。別にどうというわけではない。煎じ詰め

た話が犬猫と一緒にいるのは嫌だとおっしゃる。さればと言って戦争もいやだ。どうかひとつあれを遠ざけてもらいたいと、おっしゃるのだ」(『昔夢会筆記』)

と語ったが、その天皇が長州の過激な攘夷に嫌気がさし、長州を離れ、幕府、会津の立場に方向を転換、松平容保に「最も信頼する」と御宸翰を与え、京都に幕府、会津、桑名の一会桑政権《いちかいそう》が誕生するに至ったのだった。その矢先の天皇急死である。

「なんということだ」

容保は悲しみと怒りで気も動転した。

孝明天皇、毒殺

慶応二年十二月十一日、天皇は体調を崩された。高熱があり、便秘が続き、顔に吹き出物が出た。やがて天然痘と診断された。(『孝明天皇紀』)

将軍徳川慶喜、京都守護職松平容保、京都所司代松平定敬もひそかに参内した。その後、二十五日夜半になって突然病状が悪化した。

朝彦親王があわてて側に行ったが、亥の半刻(午後十一時十五分)に孝明天皇は崩御された。三十六歳の若さであった。

宮廷内部は茫然となった。

朝彦親王《あさひこしんのう》は日記に「不審、不審」と記した。孝明天皇は薩長派の公家から怨嗟《えんさ》の的だった。天皇は幕府、会津を深く信頼し、薩長には距離を置き、中でも長州には嫌悪感を示していた。天皇が存命である限り、討幕はありえなかった。

たちまち毒殺の噂が流れた。松平容保は「哀痛きわまって、腸を断つ思いであり暗涙《あんるい》千《せん》行《こう》、満腔《まんこう》の遺憾はどこにも訴える所がない」と泣き伏した。

孝明天皇の毒殺説を最初に提起したのは、ねずまさし氏である。明治四十一年、東京生まれ、京都大学文学部史学科卒。『孝明天皇紀』、『非蔵人日記』、『二条家記』『御痘瘡之記』、『中山忠能日記』、『土山武宗日記』などを引用し、毒殺を主張。毒を盛った犯人は岩《いわ》倉具視《くらともみ》の姪と断じた。

私の恩師石井孝《いしいたかし》教授も強く毒殺を主張した。

石井教授は『幕末悲運の人びと』（有隣新書）で、「反維新に殉じた孝明天皇」と題して、大要、次のように記述した。

痘瘡《とうそう》の経過が順調で、全快も近いと伝えられたおり、突如病状が急変したことから、没後ただちに怪死の風説が立った。正親町三条実愛《おおぎまちさんじょうさねなる》は、その日記の十二月二十六日の条に天皇の死を伝え、翌二十七日の条に、

「今度御悩中、御看養・御治療等の儀に付き世上既に唱うる所これあり、中外遺恨の儀これあり、定めて此の説生ずべきか」

と記している。

これは、病中における看護・治療の手落ちということで、毒殺説を遠回しに表現しているものと思う。またパークスの幕僚として活躍したサトウは、天皇の没後数年、裏面の消息に通じているある日本人から、天皇は毒殺されたのだと言明された、と書いている。

これは、明治初期に天皇の毒殺が公然の秘密として語られていたことの証拠である。


さらに石井教授は典医の記録から毒物は石見《いわみ》銀山《ぎんざん》とし、この毒物は無味無臭の白色の粉末であり、〇・一〜〇・三グラムを致死量とし、熱湯に溶解する。被害者に気づかれずに微量で目的をはたせるので天皇が煎薬服用のさいに混入されたのであろうと推察した。

また、「天皇が痘瘡にかかられた機会をとらえて、岩倉具視が、女官に出ている姪をして、天皇に一服、毒を盛らしたのである」とし、さらに「自分はある事情で、洛東鹿ヶ谷の霊鑑寺の尼僧となった当の女性から直接その真相をきいたから、間違いはない」と発言した証人の存在も明らかにした。

この時期、孝明天皇は長州寄りの公卿とするどい対決をみせ、朝廷から追放した。これに対する報復の隠謀が、天皇の謀殺となって現れたと石井教授は解釈した。

天皇は現体制の固持をめざす徹底的な保守主義者であり、国内的には幕府支持、対外的には鎖国復帰であった。

対外情勢によって鎖国復帰が望めなくなったのちも、もっぱら幕府委任の徹底という形で佐幕体制を頑強に固持しようとした。そして幕府と倒幕勢力との最後的対決が迫っているとき、事件は起こった。天皇は反維新に殉じたといえた。

この結果、何が起こったか。御所は反幕府派の公家衆と薩長の幹部が牛耳り、幕府と会津は逆クーデターで京都を追われ、一夜にして一会桑政権は瓦解、天下はひっくり返った。世界史を見れば、古代国家の時代から権力者の毒殺は日常茶飯事に行われていた。政敵を倒すには、これほど簡単で、効果的な方法はなかった。

京都人

私は京都の人はほとんど知らない。東北大学の四年生になった時、国史学科に京都府立大学から大原進君が編入してきた。京都人に会ったのは、彼がはじめてだった。大学の松風寮で一緒に暮らしたので時折、彼の京都の話を聞き、「京都人は優雅な雰囲気があるな」と思った。休みで帰ると必ず八ツ橋を買ってきてくれた。すごくおいしいお菓子だった。

卒業して、しばらくたってからである。彼が日本共産党の中央委員であることを知り、仰天した。日本共産党福島県連の幹部から彼の活躍を知り、「たいしたもんだ」となつかしさがこみ上げた。野坂議長、宮本委員長、不破書記局長の時代である。彼は蜷川《にながわ》府政の

時には、京都府連書記長に上り詰めた。飛ぶ鳥を落とす勢いだったろう。私は会津藩の本を書くと彼に送ってやった。すると、

「星さんの話は、これまで聞いてきたこととまったく違う。会津は不義で、薩長は正義とおそわってきたよ」

と手紙をくれた。

「そうじゃないんだよ。長州こそ不義だよ、孝明天皇は彼らに毒殺されたんだよ」

「えっ、そんな馬鹿な」

というのが、彼の驚きの言葉だった。当時、彼は京都のすべてを知る立場にあり、

「星さんのご希望をなんでもかなえますから一度、京都におでかけください」

とまでいってくれたのに、日々、雑用に追われ、京都に出かけることが出来なかった。

彼が日本共産党の要職を離れ、自由の身になった時、東北大学で過ごした仙台を歩きたいと奥さんと一緒で東北に旅に出た。その途中、郡山に寄ってくれた。

「絶対、京都に行くよ」

と私は約束した。それからしばらくして彼の訃報《ふほう》を聞いた。なぜ京都で会えなかったのか。私は、彼の好意を無にしたことを後悔し、涙をこぼした。

あとで調べてみたら大原君は全国会議で、「不屈の党の誇りと勇気をもって」と題して報告もしていた。

「幕末維新、まるでちがうよ」彼の言葉は、今でも耳に残っている。

上賀茂神社

意外なところで意外な話を聞くものである。私は最近、びっくりしたことがある。腰を抜かさんばかりの驚きだったといってもいいかもしれない。

私は二十代の半ば、会津若松に赴任した時、大内明さんとほぼ同時に中沢剛さんと友人になった。中沢さんは大内さんと会津高校の同級生なので私の一級上だった。

千葉大で心理学を専攻し、会津若松の病院で、患者の心理判定の仕事をしていた。サイコロジストだと彼は言っていた。

彼の家は、町の真ん中にあり、母親は会津高等洋裁学校を経営していた。京都の人で同志社女子専門学校の出身だった。現在の同志社女子大である。

よく彼の家に行ってお茶やお菓子を御馳走になっていた。私が勤務する福島民報若松支社と洋裁学校は、歩いて四、五分の距離にあった。一時期、車を駐車させてもらったこともあった。

彼は仕事の傍ら、会津戦争時の医療について研究していた。会津戦争開始直前、幕府の外科医松本良順が会津若松に来ており、領内の漢方医を集めて外科治療の指導を行っていた。関東や越後で戦闘が始まっており、運ばれてくる怪我人は大砲や小銃による裂傷、貫通銃創などが多かった。時には腕の切断手術なども行ったが、感染症を併発しており助かることは難しかった。松本は婦女子に看護術の指導もした。

これらの人々が籠城戦での負傷者の看護に活躍するが、医薬品がたちまち切れ、水で傷口を洗うしか方法はなく、多くの人が命を落としていった。

私は今回、ふと中沢さんのお母さんが京都出身ということを思い出し、京都人が見た会津人の参考にしようと思い、中沢さんに電話した。

「私はあなたの母上には何度もお会いしたが、京都のことは一度も聞いたことがなかった。何かいわれておりましたか」

と聞いた。

「それがね、あなたにしゃべったことはなかったが、母の実家は上賀茂《かみがも》神社の社家《しゃけ》につながっていたんです」

「ええ、社家、ちょっとまって」

私はネットで調べてみた。そこにはこうあった。

「日本には数多の神社があり、古来より朝野の信仰を集めている。それぞれの神社には神紋があり、社家と呼ばれる神職家が神を祭祀してきた。社家の多くは古代の国造、あるいは豪族としてそれぞれの土地を支配し、その祖神あるいは国家神を斎《いつ》いてきた」

これは大変、偉い家柄ではないのか。すると彼はこういった。

「一族がいっぱいいて、母の実家は下の方だった。とにかく神社というのは貧乏で、やっと学校を出してもらったと聞いている」

と謙遜した。

上賀茂神社は正式名称を「賀茂《かも》別雷《わけいかづち》神社《じんじゃ》」といい、京都市内の北部上賀茂の地にあり、神代の時代から信仰を集めているというのだった。あらゆる災難を除く厄除けの守護神とも言われ孝明天皇とも深いつながりがあったというのだった。

「なるほど、会津と関係あるわけですね」

「そうそうそう」

と彼は言った。

「一族は皆、孝明天皇を信奉していたので、亡くなった時は、ぼう然自失だったようですね」

「そうでしょうね。天皇の不可解な死については、なにか話されておりましたか」

「聞いてますが」

「どんなふうにですか」

「神社には漢方医が何人もいて御所に詰めていたそうです。その人たちは口をそろえて天皇は毒殺されたと話していたそうです」

「そうですか。それは衝撃的な話ですね」

「いや神社関係者の間では、そういわれていた様ですが。めったなことも言えないので、私は沈黙をまもってきました」

というのだった。

6　長州人は会津で何をしたか

古川薫さん講演会

山口県下関市在住の直木賞作家古川薫《ふるかわかおる》さんは、平成十三年九月、会津史学会、その他の招きで、会津若松市を訪れ、県立博物館で「長州人は会津で何をしたか」と題して講演された。古川さんは率直に長州と会津を語り、山口県民は、会津との和解を切望していると強く訴えた。

古川さんは長州に反発する人が、会津にとどまらず、東京を中心に全国に存在することを認め、明治維新の在り方にひずみがあったことは間違いない事実だった、と語った。

そのことも含めて古川さんの語り口は大変好評だった。

講演要旨は平成十四年春発刊の会津史学会編『歴史春秋』第55号に収録されており、御覧いただきたいが、ここに大半を収録させていただいた。

吉川さんにこの件を確認すると、「どうぞ、どうぞ」とおっしゃってくれた。

嫌われている山口人

古川でございます。

きのう大雨の中を「うつくしま未来博」を見せていただきました。あすはこの調子だと大雨だと…雨が降ると講演会というものは非常に入りが悪くてちょっと厳しい思いをするのかなあと思っていたんですけども、今日はほんとにウソのように晴れました。

これは会津の神様が長州人が来るからみんなに話を聞かせてやろうということで、青空を与えて下さったのかなと思いました。（中略）

私は長州、山口県から単身、ここに乗り込んでまいりました。単身じゃなくて実は女房をつれてきております。

なぜかというと、ひょっとして会津の侍から一刀浴びせられるかもしれないと（笑）それをちゃんと見届けるようにと女房にいってあるわけでございます。

えー、これは最初に小話ていどにお話したわけですけれども。

これは、ほんとうに先日のことですよ。

会津に仕事のことで来た山口県の男がですね、仕事がおわって会津若松市の寿司屋さんに入ってそこの主人と意気投合して話が弾んだ末にですね、

「ところで、お客さん、どちらから?」

と聞かれてね、

「山口県です」

といったらですね、

「お代はいらないからすぐ帰ってくれ」

と追い出された（笑）ということです。そういう種類の話をずいぶん昔から聞かされました。

タクシーに乗ってね、運転士さんに、

「どこから来た?」

「山口県から来た」

といったら、

「降りてくれ」

といわれた（笑）。

やっぱり、山口県人にとって会津は怖いところなんですよ。

私は、五年ほど前に会津に来たことがあります。それ以前、若松ガスの高木さんと、実は萩でガス協会の仕事で来られたときお会いしてですね。

「ぜひ（会津に）来い」

といわれたんですね。

五年くらいたってやって来たんですけれども、お忍びで来ました。これは正体を現すと、どんなめにあうかわからないというんで。

まあ、白虎隊の墓参りをしたり、日新館の復元されたものをみたりして、ほうほうの体で帰ったんですけれどね。

会津というところは、そういうように戊辰のいきさつというのが、未だにわだかまりのように残っているところなんですね。

しかし、長州は、薩摩もですけどね。大体、加害者というのは相手に与えた傷の痛みは、わからないんですね。

だからもう、ぼつぼつ、向こうもその痛みは消えているだろうというように考えがちなもんです。ところがやっぱり、与えられた傷というのはいつまでもうずくわけなんですね。そのあたりが、やっぱり加害者の方に自覚が薄い。

ということは、現代においてもですね。あの第二次大戦のときの日本人がかなりの部分で、加害者でもあり被害者でもあったわけですけれども、加害者としての自覚というものが薄れていくというのは、古今東西を通じて同じようなものかなあ、という気がいたします。

会津から山口へ赴任した先生

私が、会津若松市に興味というか関心をもったのは、少年時代のことでありましてね、中学校の先生で、山形県出身の方がおられました。岩松文弥という方ですが。この人が会津中学校の国語の先生だったんです。会津中学校から転勤ではるばる山口県に来られたんですね。この先生がこういうんですよ。会津中学校から転勤になるときに父兄が送別会をしてくれた。その席上である父兄が立ち上がって、

「お前はけしからん。会津から長州人を教育に行くとは何事か」

と。騒然とした空気だったそうですね。ところが岩松先生というのは歌人でありましてね。さすがだなあと思うんですけどね。

「おれは山口県の長州人を教育してやるんだ」

「長州人の性根を叩き直しに行くんだ」

と。

「そんならよろしい」

ということになったというんですね。

その話を聞いて、その時に私はそれほど歴史というものに関心のない時代でしたから、そういうことをいう会津というところにちょっと興味をもったんですね。

いま、人を憎むというか憎悪を燃やす一群の人たちがいるというところにたいして興味

を抱いたんです。それが遠い記憶として残っていたんですけれども。

大体、明治百年といわれた年ですね。昭和四十三年なんですが、維新というものがにわかに見なおされたその時期。その頃から会津と長州、まあ薩摩と会津ということもあるんでしょうけれども、そういうものが、だんだんと明確な形をとってきたということが、いえるのではないかと思うんです。

松林清風とテレビ朝日

私、これは二、三年前のことですけれども、松林清風という人から手紙をいただいたんです。実はこの人はですね。松林桂月《けいげつ》のお子さんなんですね。

松林桂月というと、みなさんもご存じの方もあると思いますが明治・大正・昭和にかけて活躍した長州出身の画家なんですね。なかなかいい字を書かれ書家でもあります。芸術院会員となってその道ではずいぶん有名な方でした。

で、その松林桂月という画家の奥さんが、実は白河の出身なんですね。要するに会津の人なんです。松林桂月と奥さんは恋愛結婚なんですね。明治の末くらいですが。これは、両方の家の両親が大反対、白河の方は、

「こともあろうに長州人の嫁になるなんてなにごとか」

といいます。長州の方では、

「会津人との結婚は反対だ」

といいうんで、どうしてもこの縁談がまとまらない。

いうなれば、ロミオとジュリエットの現代版というか日本版のようなものだった。

結局、本人同士の意志が固いわけですから結婚した。そして生まれたのが、その松林清風という人なんです。

この清風さんは、テレビ朝日の編成局長を最後に退任された人ですがね。この人がテレビ朝日の編成局長になったとき、テレビ朝日の社長がかわり、社長室にそれぞれ幹部が呼ばれた。松林さんが社長室に行くと、

「君は長州だそうだな」

「長州です。そうです」

といった。すると。社長が、

「ぼくは長州は嫌いだ」

話はそれだけだったというんですね（笑）。聞いてみたら、その社長が会津の人だったんですよ（笑）。その人は、いやあびっくりしたと、こういうことがまだあるのかと。彼はずっと東京育ちであったんですが、長州が憎まれていることをはじめて知ったというんですね。

ついでですけど、高杉晋作の子孫で、今の直系の人は高杉勝という曾孫にあたる人です

が、この人はずっと東京の人ですよ。みんな東京に出ましたからね、維新後。

高杉さんは大成建設に入られた。彼が部長くらいになった頃ですか、大成建設の社長に長州の人がなったんですね。呼ばれてですね。

「君は高杉晋作の子孫らしいな」

といってですね、それ以来、だれかお客さんがあると、

「おい、高杉君を呼べ」

といってですね、

「この男が高杉晋作の子孫だ」

といっておおいに威張るんだそうですよ。松林さんと逆なんですよね。そして、松林さんが最後にいうんですね。

早春譜

最近「早春譜」という芝居があった。会津の青年たちが自分たちで脚本をつくってやった。これはやはり長州の青年と会津の女性の恋愛があって、その双方の親、親戚一同が大反対する。ついにその難関を乗り越えてめでたしめでたしとなったというお芝居をつくった。

「早春譜」これは会津で発表されてなかなか好評だったらしいんですよね。

松林さんからそういう話を聞いた。

「早春譜」のことを聞いた萩の青年たちがその脚本をもらって、それをミュージカルに仕立ててやって、萩でもおおいに評判がよかった。調子に乗りまして、これを会津若松市でやりたい。そこまでいっていいのかと思いましたけどね、来てやったらしいですね。そう不評でもなく、まあ、ひいき目にみれば拍手を受けたとも。

私は思うんですね。会津若松と長州のぎくしゃくしたそういう関係をなんとか修復したいということをですね。まあ、みんなが考え始めた。

それで最初は山口市の青年会議所が会津の青年会議所に、ひとつ姉妹契約をしたいと、互いに会員同士で仲良くしようじゃないかといったら、会津の方からにべもなく拒絶されたというんですよ。

お前たちと手を結ぶつもりはないと。そこでこんどは萩の商工会議所から会津に申し込んだら同じく拒絶された。ま、いろいろ、そんなことが続きました。

私はいったんですよね。

いったい長州人があの戊辰戦争で会津に何をしたか。

そういった歴史を全然知らないままで、百年たったし、もうぼつぼつ仲良くしてもいいじゃないかといったところで受け入れられるわけはないんだと。

祖先は何をしたのか

自分たちの祖先が、いったい会津で何をしたか。

歴史を検証し認識し、その上で新しい関係をつくっていこうではありませんか、というふうに、申し入れるというならわかるけど、いきなりですね。歴史のことも全然知らないで仲良くしましょうなんていったって、そんなことがね、通るはずはないんじゃないかということを、まあ、今もいってるんです。

そういう面からいうと、「早春譜」という芝居を若い人たちがつくって、それは劇の成立ちからいえば、どうしても歴史というものが入りますね。

こういうことがあって、こういうふうになったという、少なくともそこで戊辰戦争とは何であったかということをいくらか勉強することにもなるし、認識することにもなるわけで、商工会議所とか市とかそういうものでなくて、やっぱり問題は民間ですね。

しかも若い人たちから解け合っていく。そして、歴史を認識してお互いに手を結ぶということがいちばん自然ではないかと考えたわけであります。

しかし、なぜ長州から会津若松へラブコールを送るのかということですね。それはたとえば、こういうことなんです。

それは、いま福島県と一緒に山口県が「きらら博」をやっていますが、その準備段階で、五年くらい前に、東京でお披露目をやったわけですね。

そして、東京の人、その他を招いていろんなことをやって、終わった後にパーティをやりましてね、私もそれに出たんです。

そしたら、ある御婦人が私にですね、

「私は山口県の出身です」

と。そして今、東京でひとつの企業を立ち上げて、数々仕事をしているものですけれども、東京で仕事をしていると、交渉するビジネスの相手が、こちらを長州人と知ったとたんに表情が変わり、

「何だ、山口か」

といわれるというんですね。

それが度々あるというんですよ。その女性が非常に悲しそうにいうんです。

「どうして山口県人はこんなに東京で嫌われるんでしょうね。私は山口県に生まれたことが何か悲しくなるんですよ。どうしたらいいんでしょうか」

私も、そういう相談で、どうしたらいいかいえませんけれどもね。

あんまり卑屈になるな。自分の生まれたところ、自分がふるさとを選んだわけではない、自分は山口県というふるさとで生まれたんだ。自分は山口県人だ。ふるさとに誇りをもつということが大事じゃないかと。まあ何とか頑張りなさい、なんていったわけなんですけれどもね。

しかしね。私はね。先程の松林さんでありませんけどもね。そのお父さんのお嫁さんの里がですね。非常に反対した。調べてみると、白河というところは会津戦争の時、最大の激戦があったところなんですね。

あの時は、会津だけではありませんけども、奥羽越列藩同盟軍と薩長の激突したところなんですね。

あの時にね、会津その他の同盟軍の戦死者が九百七十人ですよ。それを攻めた西軍といいますね。新政府軍、薩摩・長州それから土佐もいます。連合軍ですが、その戦死者は百十人ぐらいなんですね。百十人にたいして九百七十人やられている。

しかも九百七十人のうち会津藩の戦死者は最高ですね。四百人くらい死んでいるんですね。つまり半数くらいは会津の侍だったわけですね。

それを聞くと、なるほどね、長州なんかに嫁にやれるかというその親御さんの気持ちは、やっぱりそうかなあと思わざるをえないわけであります。

会津攻めというのは、もちろん長州だけではなく、薩摩と長州が同数くらいですね。あとは土佐ですね。その他連合して攻めているわけですね。薩摩は例の日露戦争の時の大山《おおやま》巌《いわお》とかですね。土佐は板垣退助《いたがきたいすけ》ですよ。後にあの自由民権運動をやった板垣退助なんかもいるわけです。その中で特に会津の人が長州にたいして集中的に憎悪するのはなぜだろうか。

反薩長の風と佐藤内閣

反長州の風というのがあるんですね。特に東京辺りでですね。長州は疎外されていく。嫌われていく。憎まれていく。

そういうその、反長州の風のようなものが特に吹き始めたのが、先ほどいいました明治百年、昭和四十三年頃からであります。しかも反長州の風は、どうも源流は会津から吹いてきてるなとにらんでいるわけです。ほかに長州を特に恨むとか憎むとかいうのは戊辰戦争しかないんですね。

そして何よりも白虎隊の悲劇ですね。いたいけな少年たちがですね、自刃したという。それを攻めたのは長州だけではありませんけども、何か長州が代表者みたいになっている。で、それをですね、明治百年の頃、反長州の風が特に起こったというのはなぜかというとですね。

ひとつはね。長州の佐藤栄作内閣が七年八か月も続いたことです。今では考えられません。毎年かわるような現状から行くとですね。

それで明治百年といわれる直前に佐藤内閣は解散したんです。やっと、七年間国政を牛耳った長州内閣が倒れたわけですね。その当時の、一つの実話があります。

山口県議会の本会議で、ある議員が知事に質問をしたんですね。

「佐藤内閣は解散した。いよいよ長州征伐が始まるんだという話があるけども本当か」

と。これ冗談じゃないんですよ。ジョークじゃないんです。

その時、橋本という知事でしたけど、

「そんなことはありませんよ」

と、まあ、にべもなく答えたわけなんですよ。そんなことはありませんよというけどね、
しかし実際にはいろいろと不安があったんですね。

たとえば、地方交付金を切られるんじゃないかと。いろいろと長州が幅を利かせていたものがどんどん切られて文字通り長州征伐があるんじゃないかと、そういう疑心暗鬼にかられたことがあるわけです。

そういうことがあるくらいに、反長州という風が特に吹き荒れて明治百年と重なったわけですね。

当時ですね。山口県の道路は非常にいいという評判が立った。また舗装率があまりよくなかった頃、昭和三十年代、山口県に行くと入ったとたんに、道路がよくなる。車で入っても山口県は走りやすい。やっぱり佐藤内閣のせいだとみんな思った。

「それなりに山口県の野郎うまいことやりやがって、利益を誘導したんだ」

と。これはとんでもない話なんですよ。

佐藤内閣が特別な予算を盛って山口県の道路を特別にやったという、そんな事実は全く

ないわけです。

橋本知事の努力

その時の橋本という知事さんは、道路知事といわれたくらい、彼は自分の行政を道路というものにしぼって、二期、三期とやったわけですね。

県庁所在地の山口市は山の中の盆地ですよ。会津と同じです。しかも、新幹線の駅もない。山陽本線という本線も通らない。本当に離れたところになんですね。

それで橋本さんはせめて道路で、すべての道路は山口市へということで、一時間構想という県のいちばん端から山口市にある県庁所在地まで一時間で行けるような道路網を張り巡らしたんです。

そのために道路がよくなったんで、決して佐藤内閣のお陰じゃないわけですよ。長岡辺りにはですね、非常に郷土に利益を誘導した総理大臣もおられたようですけども、そういうことは山口県とは関係ないです。

どちらかというと山口県の代々の総理大臣は郷土に冷淡な人ですね。だれかが何かやってくれるだろうというふうに期待するけれど、全然、県にそういう特別な便宜を図ったり有利に扱ったりということをだれもやってない。総理大臣を七人も出していますけどね。

長州人の十字架

明治十八年、内閣制度が発足した時に、初代総理大臣になったのは長州人の伊藤博文ですね。

伊藤博文は大臣になってまもなく、お国入りをしたわけです。下関の鎮海楼《ちんかいろう》というところで歓迎会をやった。県下の政財界の有力者が集まって歓迎会をやった。

その時の伊藤博文のあいさつは、まことにふるってるわけで。これは実話でしてね。その鎮海楼の息子っていうのが、我々が付き合った頃はもうお爺さんでしたが、彼が中学生の頃、伊藤博文がどんな話をするかそっとのぞいて聞いていたっていうんですよ。

こういうことをいったっていうんですね。伊藤博文が、

「我輩が何か山口県のことをやってくれるだろうというふうに期待してこの歓迎会を開いてくれたんだろうけれども、我輩は日本の伊藤である。山口県の伊藤ではない」

と、そういったそうです。当時、その受けとめ方はさまざまですよ。

「何か、伊藤というやつはいやなやつだな」と取った人もいるし、

「いや、総理大臣というものは、国の宰相《さいしょう》である。それが正論じゃないか」

と、ふた通りの受けとめ方があったそうですけれども、私は立派だと思うんですよ。その国家の宰相がですね、自分の出身県に利益を誘導するのはまちがっているんじゃないかと、まあそういうことはいえるんですね。

しかしね、やっぱり憎まれてると、やることなすことがね、マイナスにみえるわけですね。

その長州内閣というものが、国政を壟断《ろうだん》したということが、ひとつの反長州というような風となって行ったんだろうと思うわけですね。今頃になって、しかしそれでは困ると、先ほど申し上げました東京のある御婦人が、これはその人だけでなく、やっぱり多くの山口県人が、長州人が背負ってくるような、ひとつの十字架のようなものがあるんですね。何かしら、こう、肩身が狭いというか、恨まれ憎まれているんじゃないか。しかも、この御婦人がいったように、自分のビジネスにまで及んでくる。先ほどの、松林さんが社長から呼ばれて、

「君は長州か。ぼくは長州人は大嫌いだ」

といわれたようなことになると、なんとかそういうムードを変えていきたいと思うのは当然だろうと思うんですね。

それで、いろいろと会津との和解というようなものを模索しようとする。そういう長州人の気持ちも、ひとつお祭し願えたらというように思うわけであります。

で、会津若松市と薩摩は和解しているんですよ。もう、ご存じの方もいらっしゃると思います。薩摩の方でね、何か手打式というとヤクザっぽく（笑）なりますがね。お互いに和解するということが成立したそうです。いまだに長州はどうもうまくいかないんですよ

ね。

毛利と尼子

もう五百年前のことになりますとね、毛利元就が猛烈な城攻めをやりますね。尼子《あまこ》の、島根にあります月山城《がっさんじょう》を干乾しにして落とすんですけどね。あの尼子氏と毛利氏は犬猿の仲で長く尾を引いていたんですがね。ＮＨＫの大河ドラマで「毛利元就」があったその時に、尼子と毛利は手打式をやりました。これ、五百年前の話ですよ。

百年前の（ことで）会津と薩摩が和解したというのに、どうして会津と長州にだけは和解がないのか。しかし、ね。こういうことを聞きましたよ。会津は、もう薩摩にたいしては仇を討ったと。それは、西南戦争の時です。

西南戦争の時に西郷隆盛率いる薩摩軍が熊本城を攻めますよね。その時に会津から（政府軍に）志願して従軍した方が多かったらしいですね。会津からは山川浩、当時は山川与七郎といっていた人がですね、この人が参謀になって、会津人で斬込隊のようなものを編成して、あの籠城の熊本城を囲む薩摩軍に一番乗りで斬り込んだんですよ。

しかし、佐川官兵衛という人は、薩摩軍との戦いで戦死されました。まあ、それもありますか、薩摩にたいしては一矢報いたということで、まず手を握ろうと。長州にたいしてはですね、まだ仇討ちが終わってないということですね（笑）。

しかしね。私は、もう仇は討っておられるんじゃないかと。もう半世紀以上、肩身を狭くして、

「長州の野郎」

「長州め」

といわれてですね。どうして私は長州に生まれたんでしょうというグチが出るくらいに、やっつけられ虐げられた。もういい加減仇は討っておられるんじゃないかと思うんですよね。

とにかく、私、今の長州はかわいそうだというようなことばかりいいましたけども、基本的には加害者であることは確かなんです。

戊辰戦争とは何か

で、その戊辰戦争って何かということをまず考えなければいけないと思うんですよ。

一口にいえば、幕府を倒す掃討戦、最終的に幕府の息の根を止めるための戦いだったんですね。

そういうことをしなくてもよかったんだ、戊辰戦争は必要でなかったんだという意見がある。

大体、江戸時代はいい時代だと。文化も爛熟していたしね。日本の現代の文化の中に江

戸文化は反映している。いい時代でないかと。

江戸時代をぶっつぶして新しい国家をつくらなければならない理由はないじゃないかという。これはちょっと極論ですがね。もうひとつの考え方はね、江戸（幕府）を改革する。幕政というものは、だんだん歪んでいって、改革しなければならないという意見が出ていた。だから、幕政を緩やかに改革していけば近代国家が得られたのじゃないか。

薩摩・長州の野望にかられて彼らが野心のために戦争を起こして幕府をつぶしたのだ。改革したものだったら幕府でよかったんだというういい方をする人もいます。

私はね、そういう点は反対なんですよ。

たしかに幕末になると幕政は本当に根腐れしていたんですね、もう。たとえば、幕臣の中の勝海舟なんて、あの幕臣にしても、

「もう幕府はいけませんねえ」

というようなことを、堂々と口にするぐらいになる。

幕府を改革しなければいけない。幕府というものの独裁制がいけないんだ。連合体にして合議制の幕政をやったらいいのじゃないかといい出したのが老中首座の阿部正弘。福井の松平春嶽。それから外様では薩摩の島津斉彬あたりが幕府を改革しよう。独裁をやめて合議制の各藩の連合組織にして幕政を根本的に変えようという。それがどんどん明らかになっていくわけですね。

たまたま十四代将軍の継嗣問題というのができ、十三代将軍の家定という人が病身だった。あす死ぬかもしれないというときに、あの幕政改革派の春嶽・斉彬・水戸の斉昭なんかも一緒に組んでる人で、その彼らが将軍候補として推したのが一橋慶喜《よしのぶ》であります。

慶喜は水戸家から一橋家に養子に行った人なんですね。改革派は、この慶喜を将軍候補として推していくわけです。ところが井伊《いい》直弼《なおすけ》は幕政の独裁制をあくまで守ろう、譜代の有力藩によって独裁制をこのまま維持していこうという。

安政の大獄

その井伊直弼を先頭とする旧守派は、紀伊《きい》の徳川慶福《よしとみ》というまだ十五歳くらいの子どもを将軍候補に立て、剛腕の井伊直弼が一橋家を押しのけ、十四代将軍の座に据えた。後の家茂《いえもち》ですね。そして安政の大獄となる。つまり、それに反対した人を徹底的に処罰した。牢屋にぶちこんでつぎつぎに殺していく。もう、水戸の斉昭から春嶽から一橋慶喜はもちろんですね。幕府のそういう幹部連中まで謹慎とか慎みとか蟄居とかと処罰する。その他民間の学者、進歩的な学者にも及んでいく。つまり白色テロですね。日本国ということでないんですよね。幕府なんですよ。幕府をいかに温存するかということのために、安政の大獄を敢行するわけです。

松平春嶽だとか阿部正弘という人は、日本国をどうしたらよいかということを考えていた。それは大きな力によって押しつぶされてしまうんですね。家茂もやっぱり病身でね。死ぬんですね。そこであと、将軍をだれにするのかといったら、結局転がり込んでくるんですよ、慶喜のところに。それで、徳川慶喜が第十五代将軍の座にすわるわけですね。彼も今まで改革を叫んできたのですからね。彼は将軍になると改革をしなければならないといい出すんですよ。

私ね。ふと、それで連想するんですけどね、トインビーという歴史学者がいますね。あのトインビーは、

「歴史は循環する」

という学説なんですね。歴史は同じことを繰り返していく。それからいくと、小泉純一郎という人は徳川慶喜と非常によく似ているんです。小泉さんも最初総裁選に出て負けるわけですね。やがて思いがけなく総裁の椅子が転がり込んできたんですね。そしてやっぱり改革をいいます。

慶喜も改革をいいます。ところがいうことを聞いてくれない、官僚が。官僚というのは、当時の老中だとか譜代の大名、有力大名だとか、徳川家の古い有力な家臣たちですね。

それらが現在の官僚や族議員にあたるんだと思うんですけどもね。当時大名が老中のところに賄賂をもっていく。莫大な献金をもっていくんですね。そのために各大名は財政が苦しい上になお困っているわけで、そこで慶喜はそれをやめさせようとするんです。とこ

ろが幕閣の反対、官僚の反対で改革できない。

暗殺された慶喜のブレーン

徳川慶喜には三人のブレーンがいた。そのブレーンが一人ずつ暗殺されていくんです。その暗殺もですね、外様大名だとか長州とかいうところが暗殺するんじゃないんですよ。幕府内部ですよ。幕府内部で刺客をたてでですね、慶喜のそういうものをもぎ取っていくという。つまりこういうことで、慶喜は改革ができなかった。

小泉さんが特殊法人なんかの改革でもゼロ回答に近いもんだったと新聞で読みましたけどもね。なかなか難しいと思うんですよ。やっぱり現状改革は次第にエネルギーが消滅していくという匂いがありますね、改革というのは。変革でなくてはいけない。あるいは革命ですよ。ですからかなり革命に近いぐらいの変革をもってしなければですね、改革というのはなかなか成功しないもんじゃないか。だから、小泉さんも今からほんとにハラを決めてやらなかったら改革はできないんじゃないかというように。歴史からみればそういうことを感じさせます。

ちょっと話が横道にそれましたけどね。私は結局幕政というものはね、どうにも改革はできない状態にきていたと思うんですよ。

そして幕府はキリシタンを禁止するという名目で鎖国ということをやりますね。鎖国というのはキリシタン禁圧だけでなくて、幕府が日本の貿易を独占するためでもあったわけです。

また幕府は、参勤交代だとかなんとか、大変な消耗を押しつけてきたわけです。しかし、地方の各大名の力がだんだん痩せ衰え、今でいう倒産寸前になっていた。

かくて徳川幕府は、幕末になると亡国の政治形態になり、穏やかな改革はできなかった。そこで、やはり明治維新、戊辰戦争というものによって幕府の息の根にとどめをささなければいけなかった。王政復古とか大政奉還後も、まだ江戸幕府というのが息を続けている。

小御所会議というのがあって、慶喜の納地・辞官を決めたのですが、すぐに巻き返しをやってくるわけです。このままだったらまた元の木阿弥になるんじゃないかというんで、薩摩の西郷隆盛が武力倒幕というものに踏み切るわけですよね。

しかし倒幕といっても最終的には徳川慶喜の首を切らなかったんですね。

戊辰戦争はやむなし

革命というにはフランス革命でもどこの革命でも、支配者の首をギロチンにかける。これが革命なんですよね。ところが明治新政府というのは、幕府が復活することはないというひとつの見通しもあったんでしょうけども、将軍の首を取らなかった。それで、明治維新というのは革命じゃないっていうんですね。

明治維新は不徹底な革命だということを学者たちはいっています。とにかく私は、戊辰戦争というものをね、そんなことをやらなくてもよかったんだという意見には、どうしても賛成できない。

やっぱり絶対主義専制政治というものを倒さなければ新しい近代国家はできなかったんだから、これは止むを得なかったと思うんです。

ただですね、戊辰戦争があの形でよかったと、私は思わないんですね。

特に会津攻めについてはですね。

会津については長州なんかは非常に恨みをもっていた。元治元年の禁門の変のとき、薩摩と組んだ会津藩によってひどい目にあわされたというのが、長州の会津への遺恨ですが、もう一つは新選組ですよ。

あの新選組の池田屋斬り込みというのが文久三年の六月五日の晩にありました。あの中で、吉田松陰の高弟の吉田稔麿《としまろ》はじめ、いわゆる志士といわれる人たちが殺戮された。

あれが直接的には、大きな長州の遺恨になっておりました。

新選組は京都守護職の松平容保の配下であったということで会津に対する恨みが集中していくわけです。

世良修蔵の官軍風

会津の西郷頼母という家老がですね。松平容保が京都守護職を拝命したときにね、殿様の前に行って、

「なぜ、そんなものを引き受けるんだ」と。

「それはたきぎを背負って火事のなかに人を助けに行くようなもんだ」と。

「そんなことはやめなさい」というんですけどもね。

これはまた、いろんな事情があってそれを拒否できないような状況にあって、ついに引き受けさせられたんですね。

そういうこともあってやっぱり会津に対する政府軍の中でも、特に長州はそういうものをもっていたということ。特に世良修蔵という政府軍の参謀に、それが象徴的に表われていたとするわけです。米沢藩とか周囲の人がですね、

「会津を討つことはこらえてやってくれ。恭順の姿勢をとっているんだから攻めることはないんでないか」

ということなんだけど、

「いや会津は討つんだ」

と、世良修蔵は考えており、尊大な態度だったというのです。

官軍風を吹かすということはあるいはあったかもしれません。しかしそれで世良を暗殺

するという短絡した行動はどうも理解できない。何か謎がありそうです。

とにかく作戦本部といいますかね。京都においた作戦本部の方ではね。木戸孝允とか西郷隆盛とかそういう幹部クラスは京都におるわけですよ。

この人たちの考え方というのはですね。そう一途に会津を討てというふうなことまではね、なかったと思うんですよ。特にね。徳川慶喜の首が打たれなかったといいましたけどね。薩摩の西郷隆盛と大久保利通、この二人はですね。徳川慶喜を処刑しろということをいってたんです。いや、まあ首まで打たんでもいいではないかというのが長州の木戸孝允こと桂小五郎といった人なんでね。

必ずしもみんな一枚岩ではなかったわけですよ。だから会津に対していろんな意見があったと思うんです。

で、その辺の意見の調整の途中なんですね。世良修蔵が殺されたのは。あれは仙台藩士が殺すんですけどもね、その時に世良修蔵が出した政府への連絡の手紙が、

「どうしても会津は討たなければいけない。ぜひ討ちましょう」

と書いた密書が発見された。だから殺したんだということになってんですね。で、これはですね。実はですね。密書が何通りかあるんです。密書の文面が微妙に違う。次々にだれかが筆写して文言が変わったりしたことがあったかもしれないけど、とにかく何種類かあるんですよ。

『防長回天史《ぼうちょうかいてんし》』という『長州藩史』を編纂したのは豊前小倉の人なんですね。そしてそれを手伝ったのは幕臣です。山路愛山《やまじあいざん》とかね。当時のそういうような文人がですね。編纂にかかわって、長州人はほとんど関係していない。

その『防長回天史』の中で世良修蔵の密書の点検をしている。結論としてはね。どうも後で、これはね。捏造されたものじゃないかという。それはこのまま受け取れないと思うんです。

そして世良修蔵の暗殺事件が一つの契機となって本格的な会津攻めというものが始まっていくわけです。

もしいわれるように、世良修蔵という長州人が官軍風を吹かせ、横柄な態度をとって、憎しみを買い、それが事件を誘発したとすれば、やっぱり長州の責任みたいなものは逃れられないだろうと思うんですよね。

横柄だった岩村精一郎

長岡藩と新政府軍との戦いがありますね。あの時なんかでも、河井継之助が官軍にですね。恭順の意思を伝えに行ったのだけど、あの時に新政府軍代表が岩村精一郎という人だったんですね。

これ、長州でないんですよ。これは土佐です。その岩村という人物が非常に横柄でね。

長岡藩が辞を低くして行ったのに、頭ごなしに怒鳴りつけたというんですね。

「今更、何をぬかすか」

というようなことをいって追い返した。

それで河井継之助が、

「それじゃ一戦を交えなきゃしょうがないぞ」

というようなことで、戦端が切られるわけです。その時に、山県有朋は別の目的で戦線を離れていたんですね。で、帰って来た時にですね。ドンパチ始まっていたわけですね。山県有朋は、

「しまった」

というんですね。

「こんな岩村の小僧なんかにまかせたからこんなことになった」

といったという。

今はメカニズムが複雑に入り組んでいるわけですけども、あの当時は一人の人間の性格だとか人間の在り方とか考え方という小さなものが戦争という大きな悲劇に、つながっていくんですね。

会津攻めについていえば、恭順の姿勢をとっている会津藩を敢えて攻撃したことは、やはりフェアとはいえない。そこに私怨にも似た遺恨がまじっていたとすれば、我々の先祖

が必ずしも正義の旗をかざしてばかりの戦争じゃなかったんだということを、まず自覚しなければいけない。

　そういう歴史認識が我々に必要なんじゃないかと思ってるわけです。

　それとですね。私自身も明治百年といわれた頃、もう一世紀もたったんじゃないかと、お互いにそういうものを水に流してもいいんじゃなかろうか、世紀がかわったんだからと考えないでもなかった。

スペインの騒動

私、七年前に、戦国時代にやって来たあの宣教師のザビエルのことでスペインに行きました。スペインの北の方にパンプロナというところがありまして、車を降りたとたんね。物凄い市街戦のようなことをやってるんですよ。警察機動隊がですね。大きな銃でゴム弾を撃ってるんですよ。

　ゴム弾というのはミサイルのような大きなやつでダーンと撃つんですね。当たると死にやしないけどね。相当な打撃を与える。目に当たれば失明するという、それをバンバン撃ってる。向こうからは石を投げるんですね。こんな石を投げるんですね。中には煉瓦なんか投げている。みんなベレー帽をかぶってる。

　バスク帽というベレー帽です。そのバスクのデモをね、警察機動隊が襲ってるんです。

ほんとに市街戦でした。すさまじいものでした。で、バスクってなんだろう。聞いてみるとね、五百年前にナバラ王国という王国があったんです。

パンプロナやサンセバスチャン、まあ、あの辺りですね。それをスペインが滅ぼしたんですね。そしてスペイン領にしてしまった。いまだにスペイン領なんですよ。ところがバスク人という特別な人たちがいるんですね。バスク語という独特の言葉があるんです。謎なんですね、どこから来た人だか。バスク人というのは非常に冒険好きのしかも起業精神が旺盛でしてね。あまり体は大きくないんですががっちりした人たちです。実はザビエルもバスク人なんですね。だからヨーロッパから東洋まで来て命懸けでキリスト教の布教をした。そのバスク人が独立させてくれっていうんですよ、今でもね。

五百年後ですよ。独立させてあげましょうとはいえないですよね。だけどバスクの人たちはとにかくスペイン政府に、

「独立させろ、独立させなきゃ、おれたちはテロをやるぞ」

と。

バスクのテロというのはすごいですよ。無差別もいいところですね。幼稚園なんかに爆弾しかけたりするんですね。

しかし、私、思いましたよ。五百年前のね。国を滅ぼされた恨みというものが未だにあのような形になって残っていると思うと、私は、せいぜい百年くらい前の会津の人の恨み

がそんなに簡単になくせるものじゃないと思ったんですね。

だけどまあ、「恩讐の彼方に」という言葉があります。

山口県ではけっこう会津若松にみな親近感をもっているんですよね。萩市の街の中に古いお堂があるんです。お堂に何が飾ってあるかというと、白虎隊なんですね。白虎隊の絵馬をかけて毎日のように線香をあげているんですよ。それから、下関ではこんな話がありました。

会津の隠密

これは幕末です。乞食がいたというんですよ。これ差別用語でしょうかね。足腰立たない人が車を手でこうやって押して物乞いしているのがいたっていうんですね。

ところが夜ひょっと見たところ、その乞食がスタスタって歩いたというんですね。あいつはおかしいぞ。隠密でないかとつけていって捕まえて問いただしたら、そいつは会津の侍だった。スパイですから、彼は処刑されました。

しかし侍の鑑だったというんですね。会津から単身乗り込んできてね。あのスパイ活動をやった会津の侍というのはすごいやつだというんでね。彼の刀がほしいといってみんな奪い合いになったそうです。

そして、その人の墓ができたんです。今でもちゃんと墓があります。この間、墓前祭が

ありましたよ。そういうふうにね。恨まれているんだけど、けっして、こう恨み返しては
おらんわけで、恨み返す理由はないですからね。
その辺のこともわかっていただけたらなあと思うんですけども。

白虎隊の墓

今日、朝からですね。白虎隊の墓参りをさせていただきました。あの少年たちの墓の前に行くと、本当に粛然としたものを感じます。

そして自分の先祖が加害者であることも思うからですね。

なんかいたたまれない、しかし、まあ、とにかく少年たちにお詫びの手を合わせてきました。

そしてね、それから鶴ヶ城に行ったんですね。すばらしいお城ですね。あの深いお堀の緑のなかに戦国の山城のような石垣がね。そびえたっている。

あのたたずまいをみておりますとね、会津藩の風格というんですか、すばらしいなあと思うんです。

私は前に来た時にですね。早春の頃、五月くらいの頃、磐梯山《ばんだいさん》に虚無僧雪、今日、高木さんに教えてもらったんですがね。虚無僧がこう尺八を吹いているようなかっこうで雪が残っている。ちょうどその頃だったんですね。

あの磐梯山の姿。残雪のある、美しいと思いましたね。早乙女貢さんの『会津士魂』そのものの姿だなあと思いました。

私はですね。会津藩の風格をですね。お城の跡でしみじみ思ったんですよ。こんなりっぱな藩、しかも大変に資源に恵まれてお金持ちだったんですね。裕福だったんですね。地下資源もあるし。そういう会津藩の姿を見とるとね。長州憎しだとかなんとか、それはもう、ねえ（笑）。本当に思いました。

そんなことはね。会津藩の格を落とすものじゃないか（笑）。

会津藩からすれば長州なんか目じゃないんじゃないかと思うんですよ。未だに憎いとかなんとかいわれるのはね。もっと胸を張って誇り高い会津であってもらいたい。

大作・会津士魂

早乙女貢さんがずーっと書いてこられた『会津士魂』という大作、それは、もう長州に対する憎悪をぶつけた、ものすごい大河小説ですよ。

でもね。早乙女さんとは仲がいいんですよ（笑）。

私は大正十四年生まれです。早乙女さんは十五年なんです。文芸家協会なんかの集まりでね、やあやあってね。彼は大先輩ですから、早乙女先生と呼ぶんですがね。そうすっとね、「おう、やってるか」てなことでよく話をします。

この間は、日経新聞の紙上で対談しました。

会津の早乙女と長州の古川をひとつ掛け合わせてということでね、どんな喧嘩をするかやらせてみようということだったらしいですけどね。対話はしましたけどね。やっぱりお互いの論理が行き違うようなところもありましたけどね。やっているうちになにか見えてくるようなものがある。

早乙女先生にいったんですよ。ひとつ、どうですか。二十一世紀の新しい関係をつくろうではありませんかと。

つまりね、私はね、怨念とか恨みというものは生産するものがないんです。やはり怨念は克服していかなければならないと思うんですよ。

日米戦争

日本とアメリカは大戦争をやりましたよ。アメリカからは原子爆弾を二発も落とされた。三十万人近い人がそれで殺されています。それは忘れませんよ。しかし、アメリカに対して本当に憎しみとか怨念とかいうものを、燃やしているかというと、そうでもない。太平洋戦争で敗れて、日本が復興したのは、あの被害意識を克服したからだと思うんです。

「アメリカ野郎許せん」

といって暗く沈んでいたんでは、あの復興はできなかったと思うんですよ。だからひとっと。

そこまでいうつもりなかったんですけど（笑）、ついその時の勢いでこんなことを申し上げてしまいましたけども。

私の考えていることは、とにかくですね長州人はですね、本当に会津の人と新しい関係を結びたいと、ずーっと願い続けています。これだけをですね。みなさんにお伝えしようということで、今日まいったわけであります。

今日は私に、いい機会をいただきましてありがとうございますとお礼を申し上げます。時間がきました。ご清聴ありがとうございました。（拍手）

古川さんの講演は実に興味深いものだった。

実はこの話、私は長岡で聴いていた。

「どうですか、古川先生のお話は」

私は会津若松の大内さんに聞いてみた。

「立派なお話ですが、会津は慎重でなければ、だめじゃないの」

大内さんは、そういった。

「そうですね。加えて会津若松だけでは、決められない問題がある」

「青森のかたがただろう」

「実はそうなんだ。我々こそ会津藩の本流だ、薩長と和解。認めがたいなあという方が大勢おいでになる」

「だからさあ、百五十年だから水に流すとはならないんじゃない」

大内さんは懐疑的だった。

7　戊辰戦争の真実

不可解な慶喜

慶喜がその気になれば、明治国家の元首として君臨することは可能だった。ところが、ある時点からすべからく馬鹿馬鹿しくなったのか、それとも臆病風に吹かれたのか、命が惜しいと将軍職を放りだしてしまった。

そうしながらも、

「薩長が新政府をつくれるとは思えない」

と語り、いずれにせよ棚ぼた式に元首のポストが自分にまわってくると楽観視していた。

しかしすべてが裏目に出た。

京都守護職だった会津は大いに怒り、鳥羽伏見の戦争になった。薩長軍に錦旗《きんき》があがるや、大坂城を脱出し、幕府軍艦「開陽丸」で江戸に逃げ帰った。これで幕府は瓦解した。

慶喜は江戸城を出て上野の東叡山《とうえいざん》に入り、謹慎した。

勝海舟と西郷隆盛の談判で江戸無血開城となり、慶喜は一命を取り留めた。

東叡山寛永寺《かんえいじ》はかつて上野の山に何十もの伽藍《がらん》をもつ大寺院だった。一般には三十六坊、三十六万坪といわれ、いくつもの寺院を諸大名が奉納した。ここの建立は家康に仕えた南《なん》光坊天海《こうぼうてんかい》の進言によるもので、家康の遺骸を日光に改葬したのもこの人物である。

いわば幕府と江戸を守る国家道場が東叡山寛永寺だった。ここに慶喜の護衛と称して旧幕臣が集まった。

「情人《いろ》をもつなら彰義隊《しょうぎたい》」

と水商売の女性にもてたのが、上野の彰義隊である。

上野の山の最高実力者は寛永寺執当職、覚王院義観《かくおういんぎかん》である。義観はどんどん旧幕府の兵隊を引き込み、全山要塞とした。その兵力三千人、江戸城に進駐した大総督府を威圧した。

一日で逃走

上野の戦争が始まったのは慶応四年（一八六八）五月十五日である。早朝、ドドーン、ドドーンと大砲の音が上野の方で鳴りだした。パチパチパチパチという鉄砲の音も鳴りだした。ジャン、ジャン、ジャンと、けたたましい半鐘の音も響いた。彰義隊は山王台に大砲をならべ、反撃した。

従来、佐賀藩のアームストロング砲が勝敗を決めたとされているが、これは多分に誤報だった。この時、持ち込まれたアームストロング砲の照準は未熟で、命中率は極端に悪かった。

アームストロング砲は現在の東大の赤門付近に据えられ、撃ち出したが、大半は不忍池《しのばずのいけ》に落ち、本堂には命中しなかった。ただ発射音と破裂音はものすごく、これに仰天して逃げ出したものも大勢いた。

卑怯な大村

勝敗を決したのは大村益次郎《おおむらますじろう》の卑怯な戦術だった。

長州兵に会津藩の旗を持たせ、今の鶯谷《うぐいすだに》駅のところから上野の山に潜りこませ、援軍が来たと思わせて上野の山に侵入、お山に入ったところで、長州の旗に替え、攻め込んだ。

不意を突かれた彰義隊は驚き慌てふためき逃げ惑い、昼を少し過ぎたころには、あっけなく崩れてしまった。

瓦版で大村の卑怯な作戦が報じられたが、大村はいち早く手をまわして瓦版を回収、江戸っ子の目にふれないようにした。

奥羽越が味方

東北や越後の意向を無視して無理やり会津を攻めんとした薩長軍に奥羽諸藩が反発した。

米沢藩は、なみなみならぬ決意を示した。藩主上杉斉憲《なりのり》自ら千五百の大兵を率いて白石《しらいし》に着いた。途中の福島《ふくしま》、瀬上《せのうえ》、桑折《こおり》、藤田《ふじた》、貝田《かいだ》、越河《こすごう》、斎川《さいかわ》に合わせて三千七百の兵を配する厳戒態勢で臨み、会談が終わって仙台藩主との酒宴に入るや、

「はなはだ愉快なり」

と自ら歌った。

長岡《ながおか》、新発田《しばた》、村上《むらかみ》、村松《むらまつ》、三根山《みねやま》、黒川《くろかわ》の六藩も加え、奥羽越列藩三十一藩の大同盟を結成、仙台藩が世良を斬り、大戦争が始まった。

白河戦争

白河は東北の関門だった。

二本松や棚倉兵も加えて会津藩は白河口に約千人の大部隊を送った。問題は誰が指揮をとるかだった。

藩主松平容保が総督に指名したのは意外にも非戦派の家老西郷頼母だった。

各隊長には京都以来の歴戦の勇士がついたが、西郷は性格狭量で、人望がなく、加えて戦闘経験皆無とあって、はなはだ疑問の人選だった。

仙台藩は参謀坂本大炊《おおい》、副参謀今村鷲之助、大隊長瀬上主膳、同佐藤宮内を派遣してくれた。両軍あわせ約二千の軍勢である。

対する薩長軍は宇都宮に進駐した薩摩の伊地知正治《いじちまさはる》率いる薩摩、長州、大垣、忍の東山道軍約七百だった。数の上では同盟軍有利であった。

総崩れ、戦死七百人

伊地知は夜半、ひそかに城下に先鋒部隊を潜ませ、早朝、総攻撃をかける電撃作戦を採用した。同盟軍はそれさえつかめずにいた。

早朝、突然の攻撃に仙台と会津の参謀は気が動転した。

稲荷山《いなりやま》、立石山《たていしやま》の砲台もたちまち集中砲火をあび、沈黙した。会津が守る雷神山《らいじんやま》にも敵の砲火が集中した。狙撃兵がいたるところに潜み、十字砲火を浴びせ、同盟軍は死体の山を築いた。敵は砲台を占領するや、大砲を運び上げ、白河城に砲撃を加えた。

仙台藩参謀坂本は混乱した。数人の従者を率いて阿武隈川を渡り、敵の背後を突こうとして、狙撃された。

会津の横山も正気を失った。占領された稲荷山を奪還せんとして真っ先に山に駆け登り、頂上から撃ち出される銃弾に倒れた。

薩長軍の記録は、「この日、首級六百八十二なり」「官軍の死傷約七十、敵は死屍六百余を残し、散乱退去」などと大勝利をたたえた。

戊辰戦争を通じて、たった一日の戦闘でこれほど決定的に勝利を収めた戦いはなく、「花は白河」とうたわれた。

悲報入る

予期せぬ攻撃で、重臣たちは、顔色を失った。鬼官兵衛こと佐川官兵衛もいたが、主君容保はもとより、官兵衛の動きも緩慢だった。

白河惨敗で閉門中の西郷頼母が駆け付け、ここに至った責任は重臣たちの無能さにあると、全員に切腹を迫った。

容保は滝沢峠の麓にある滝沢村郷頭横山山三郎宅を本陣とし、兵を叱咤し、ここで一夜を過ごした。

容保の護衛として城を出た白虎二番士中隊の隊員たちも隊頭日向内記に率いられて午後四時頃、大野ケ原に至り、丘陵に陣を構えた。

ここでも敗れ、間道を通って、飯盛山に出た少年たちは、燃えさかる城下を見て自決する。白虎隊の悲劇である。

男装して城に入る

婦女子も続々入城した。

砲術師範役山本覚馬の妹八重は、男装し、両刀をたばさみ元込め七連発銃をかついで城に入った。

本丸に向かうと、大勢の女たちが、容保の義姉照姫を警護し、そのかたわら炊事、怪我人の手当て、弾薬の製造と必死で働いた。

敵は砲撃を開始し、城もつぶれんばかりの大砲の音が響いたと思うと、血だらけの怪我人が次々に運ばれてくる。

医者は少しいたが、薬はまったくなく、ただ慰めの言葉をかけるしかなかった。

八重は男たちに交じって城壁から敵を銃撃した。やがて食糧、弾薬が切れた。

会津藩が降服したのは慶応四年九月二十二日だった、容保が、

「この上は速やかに開城、官軍の陣門に降伏謝罪する」

と嘆願書を差し出した。

降伏の式典に出席した会津藩の重臣たちは、式典の会場に敷いた毛氈《もうせん》を全員で平等に分け合い、この毛氈を泣血氈《きゅうけつせん》と名づけ、これを取り出しては無念の涙にくれた。

「なんと言ったらいいか言葉がない。軍事面の遅れが惨敗を招いた」

各地の戦場を調べている会津若松の研究者、石田明夫さんは唇をかんだ。

木戸孝允という男

戦後の会津藩をどう処理するかを任されたのは長州藩の木戸孝允だった。

桂小五郎時代から会津は憎悪の対象だった。薩摩の西郷も木戸の怨念には、手の付けようがなく、会津のことはすべて木戸に一任した。

木戸が考えた処分は、会津人を北海道に移住させ、開拓に当たらせることだった。

木戸が北海道開拓の推進に当たっている松浦武四郎《たけしろう》に宛てた書簡を中沢剛さんが見つけ「明治五年余市会津人の生活」(『民衆史研究第9号』)に発表したが、木戸という男は、実に非情だった。

京都で暗躍していた桂小五郎時代、木戸は会津藩の検問に出くわし、捕えられたことがあった。危機一髪、厠《かわや》から逃亡し、助かった。だから会津と聞くと、恐怖を覚えた。

戊辰戦争で勝利しても恐怖感は抜けきらず、会津人は蝦夷地に飛ばせと命令を下したのだった。この時期の会津藩研究の第一人者、葛西富夫《かさいとみお》氏も、

「新政府は徒食の輩にも等しい会津人を大義名分のもとに体よく処分しようとする動きがあった。その送り込む先は、事もあろうに古来、蝦夷ケ島・渡島などと呼ばれてきた蝦夷地であった」(『北の慟哭』)

と記述した。

兵部省《ひょうぶ》は先発隊として明治二年(一八六九)九月十三日、会津人男女三百三十八人を東

京より汽船で小樽に送り込んだ。

時あたかも鮭漁期で、小樽の妓楼《ぎろう》や飲食店はおおむね石狩に出稼ぎに出ていたので、そこが宿舎だった。

しかし、若者が戦死し働き手がいない会津人は蝦夷地の開拓には無理と薩摩藩が反対、会津藩の移住先は南部藩領の五戸や下北半島の三万石に変更された。

斗南藩

会津藩の石高は幕末時、二十八万石だった。それがわずか三万石である。すべてが、過酷すぎる処分だった。

藩名は斗南《となみ》藩と決まった。斗南の由来はいろいろある。

本州最果ての地であっても、ともに北斗星を仰ぐ皇国の民であるという願いを込めた。あるいはいずれ東京に上り、日本中枢の位置を占めんという反骨の精神が秘められているなどの説があった。

最近、南部藩がこの地を斗南と呼んでいたという説も浮上している。

さらに北海道の太櫓《ふとろ》、歌棄《うたすつ》、瀬棚《せたな》、山越《やまこし》の四郡の支配も命ぜられた。

北海道の地は、道もない原生林で覆われた羆《ひぐま》の生息地帯だった。

藩を代表する大参事には軍事総督を務めた山川浩が就任、少参事に広沢安任、永岡久茂、倉沢平治右衛門が選ばれた。いずれも順当な人選だった。

広沢も永岡も門閥ではなかった。

下北への移住は、明治三年（一八七〇）五月から始まった。そのまえに先発隊が向かい、新潟からの船便と陸路で一万数千人が移住した。

移住者は田名部《たなぶ》、川内、大畑、風間浦《かざまうら》、大間《おおま》、佐井、脇野沢、東通《ひがしどおり》など下北半島のほかに三戸《さんのへ》、五戸《ごのへ》など八戸《はちのへ》や三沢周辺にも移住した。

割り当てられた住まいは農家の納屋や物置といった粗末なもので、田名部郊外の落《おとし》の沢に仮小屋をつくった柴五郎少年の住まいは、戸障子もなく入口に筵を下げ、夜具もなく藁に潜って寝る始末だった。

これは極端なケースだったとは思うが日々の食事にも事欠く始末で、完全な棄民だった。

東京電力福島第一原子力発電所で大事故が起こり、双葉郡の住民が避難を余儀なくされたとき、明治の会津藩に続く棄民と表現するライターもいた。

確かに福島は悲劇の県であった。

会津のゲダカ

会津人の悲惨な暮らしについて地元にはさまざまの声が残っている。

普段の食事は、干した昆布を叩き、稗といっしょに煮込んだオシメだった。一種の雑炊である。温かいうちは結構おいしいが、冷えるとまずくて食べられない代物だった。産物は大根・五升芋・野生のユリなどで、米はいっさい穫れず、米を食べるのは正月、お盆、病人が出たときだけだった。

この地域は凶作や飢饉の連続だった。天明《てんめい》三年（一七八三）や天保《てんぽう》三年（一八三二）、七年（一八三六）の飢饉のときは、収穫は皆無に近く、田名部周辺の惨状は、目をおおうばかりだった。

ちょっとした気象の悪化が、すぐ凶作に結びついた。夏になってもヤマセと呼ぶ冷風が吹き、日照時間が少なく、作物はことごとく稔らない。

海に面した野辺地《のへじ》通りや田名部は、海草や魚で飢えをしのぐことが出来たが、三戸、五戸、七戸の山間部では山菜は勿論、松の皮、漆の実まで食べ尽くし、死するもの数知れず、といった有様だった。津軽や南部の歴史は、凶作と人間の闘いといってもよかった。

「恐ろしいところだ」

誰しもが思った。

葛西富夫著『斗南藩史』によれば、地元の人々は、会津人を、

「会津のゲダカ」

「会津のハドザムライ」

と陰口を叩いた。「ゲダカ」というのは、下北地方の方言で毛虫のことである。会津の

人々はウコギ・アカザ・ゼンマイ・アザミ、アサツキ、ヨモギ、フキ、ワラビの根などを毛虫のようになんでも食べた。

「ハドザムライ」というのは、三戸・五戸地方の陰口である。鳩のように、大豆や豆腐のおからばかり食べているという意味だった。

これは明らかに挙藩流罪であった。朝敵の会津藩に構うことなしというのが、明治政府の残酷無比な態度だった。

下北の会津人は日々、怒りを込めて、薩長を呪った。

田名部郊外の田屋村に移住した荒川類右衛門《るいえもん》一家は食事もままならぬ生活で、類右衛門は、母と妻と娘と長男、次男を失った。

明治日誌

斗南に流された会津藩士荒川類右衛門は後年、『明治日誌』と題する回想録をまとめた。末裔が会津若松市にお住まいだったので、この日記を拝見したいと何度も交渉し、やっと会津図書館で見せてもらうことになった。

末裔の方が日記を風呂敷に大事に包んで持参し、私がコピーをとるとまた風呂敷に包んで、持ち帰るのだった。

荒川類右衛門は天保三年（一八三二）、会津若松に生まれた。身分は会津藩重臣北原光義の従者だった。石高は百三十石、会津城下に住み、会津戦争を戦い、接近戦では敵兵を槍で仕留めた。

斗南に移住したが、家族を失い、会津若松に帰郷、教員となり、明治三十年代、教員を退職してから書き上げたのが、元、亨、貞、利の四冊と白虎隊勇士列伝、付録の全六冊からなる『明治日誌』だった。

斗南移住時の家族構成は次の八人だった。

進撃隊席御供番・荒川類右衛門三十八歳、母カヨ五十九歳、妻ミヨ三十二歳、長男秀太郎九歳、次男乙次郎六歳、三男乙三郎三歳、長女サタ十三歳、二女キチ十一歳。

一家は明治三年六月、新潟からアメリカの蒸気船、ヤンシー号で、陸奥《むつ》に渡り、田名部の在、田屋村の平七宅に割り当てられそこに住んだ。現在のむつ市田名部である。

「今日九つ時（正午）頃、割り付けの田屋村平七宅へ着す、右家主平七、村の先まで迎えに出ず。同人の宅は、上の一間八畳、床の間付き、袋戸付き、三尺縁通りあり。次の間は八畳、次は十畳、右三間を借り受け、勝手はその外なり。宿の家は三人。何分言語通ぜざる事多くありて困難す」

と日誌に記した。

夜になると、地元の人々は決まって、奇妙な踊りに熱中した。

「盆中、毎夜、老若打雑り、踊りをなす。鳴り物は三味線、打鐘にて拍子を取り、実に妙なり」

鳴り物入りで、激しく踊るのである。

「死ねば恐山《おやま》さ行く」

人々はそう語り、恐山《おそれざん》の夏祭りがくると、腰に弁当をくくりつけ、出かけて行くのだった。

秋祭りが終わると、冬将軍の到来である。冬を迎えてどうなるのか。不安が一家を襲った。

十一月九日、三男乙三郎が病死した。栄養失調と寒さで医者に見せることもできずに命を落としたのだった。

明治五年（一八七二）、ようやく住まいが出来上がり、一家は、斗南ヶ丘に引っ越した。晴れた日は海辺に昆布拾いに出かけ、乾燥させ、俵に詰めた。農地と馬が藩から貸与されたが、飼育が不慣れのため馬を殺してしまった。

どこの家も栄養失調で、病人が続出した。類右衛門の家でも遂に母親が倒れた。日誌にこうあった。

寝ずに看病す

夜明けて少々粥を食せられければ、少しく御快方にならせられると喜び、かねてオハギを好まれ候に付き、直ちに用意に取り掛かりけるに、こは如何に、俄かに塞がれ、呼べど叫べど御答えなし。隣家より気付け等を持参、御口へふくませども験《しるし》もさらになし。家内あげて悲嘆の泣涙《きゅうるい》より外の事はなし。ああー、悲しいかな。無常の風に誘われ給い、黄泉《よみ》の客となり給う。これ九日昼四つ半時頃なり。

類右衛門は開拓は不可能と判断、会津若松に帰郷するが、斗南での暮らしで、家族の体が衰弱しており、明治七年八月、長男秀太郎十四歳が病死、明治八年には妻ミヨ死亡、長女サタも病死と悲劇が続いた。

ぼう然自失の日々だった。

会津をここまで追い込む必要があったのか。明治政府の非人道的政治が、会津人の心に深い不信感を抱かせ、反長州をかたときも忘れることなく持ち続けてきた。

陸奥紀行

上原和兵衛著『陸奥紀行』という本がある。

和兵衛は東京大伝馬町の人で、明治四年十月十五日東京を出て、青森県七戸の商人山田新七に貸した大金を返済してもらうため寺島新助を伴って七戸にやってきた。

しかしなかなか金を返してもらえず翌年五月九日まで七戸に滞在、粘り勝ちで目的を達し、恐山を参拝して東京に帰るまでの道中記を記述した。

それが『陸奥紀行』だった。

上原は絵が上手で歌も詠み、要所要所に挿絵を挿入、途中の人情、風俗、食べ物、風景などを記述、当時の陸奥地方を知る貴重な文献だった。

この道中記を十和田《とわだ》市の郷土史研究家の山崎栄作さんが北海道の伊達町史を読んで知り、市立函館図書館に原版があるのを発見。昭和五十五年に自費出版で復刻刊行した。

七戸とその周辺には、会津若松から移住してきた旧会津藩の人々が大勢、暮らしており、その姿も描かれていたので、私も古書店で手にいれて読んだ。

文中に、愕然とする部分もあり、

「ひどすぎるなあ」

と怒りを覚えた。

和兵衛が現在の青森県三戸郡五戸《ごのへ》町の近江屋平助方に宿を取ったのは、明治四年十一月二十七日だった。

東京を出たのは十月十五日なので、一か月半かかっていた。

奥座敷に通され炬燵《こたつ》に入り、茶菓子と飴、手造の白酒、どぶろくが出た。

そこに給仕の女が現れ、飯盛女《めしもりおんな》を世話すると言う。

値段は一分二朱、田舎女郎《じょろう》にしては値段が高いと和兵衛は断った。

しばらくして隣の部屋に一人の客人があり、女の声が聞こえた。

夜明けに女が一人帰るのが見えた。
二十三、四の女だった。八戸の女郎ということだったが、女郎の風俗ではない。宿に聞くと、本当は会津の女で、二人で来ているとのことだ。もう一人は二十八、九。客がないので一人で寝ていた。
会津の苦難を知っていただけに和兵衛はこの女たちに同情した。そして複雑な思いで狂歌を詠んだ。

近江屋で捌く会津の手造を
　炬燵ふとんへこぼす白さけ
近江槍握るは会津女武者
　隣座敷で組打の声

私がこの種の話を耳にしたのは、これが初めてではない。

「会津の女ごは尻までしゃっこい」（葛西富夫『斗南藩史』）という話や、妻の密通に怒った亭主が妻を生き埋めにした事件（三浦栄一『流れる五戸川』）もあった。

戦争に負けると、こうしたことは、必ずともなう悲劇だった。

戦争を始めたら、どんなことをしても勝つか、停戦に持ち込まなければならない。

これは鉄則であった。

私は大内さんの意見を聞いた。

「長州との和解は難しいと思うね。木戸孝允が、怨念丸出して、会津を責めまくった。それはないよなあ」

「人間味にかけたね」

「薩摩はその点、おおらかだった。庄内に攻め込んだ西郷は停戦交渉に応じ、庄内藩士の生活が立つように配慮した。この違いはおおきいね」

「そうだよなあ」

「私は高瀬喜左衛門の門下生でもあるので、仲直りはむりだなあ」

「よくわかります」

考えれば考えるほど、会津対長州の和解はハードルが高かった。

8　会津人の長州批判

星野喜代治

東京会津会は、明治百年を記念して昭和四十五年（一九七〇）、会津会会報に幕末維新史の特集を組んだ。

巻頭を飾ったのは、日本不動産銀行取締役会長（前頭取）の星野喜代治《ほしのきよじ》だった。

星野は、明治二十六年（一八九三）、会津若松市に生まれた。生家は酒造業、先祖は芦名家や松平家に仕え、元禄年間、酒造業に転じた。

旧制会津中学から旧制一高に入学、東京帝国大学法学部を卒業して大蔵官僚となり、銀行局の銀行課、検査課長などを務め、朝鮮銀行副総裁に転じ、戦後、日本不動産銀行頭取、会長を歴任した。

東京会津会会長も務めた。

昭和五十二年、同行の名称が日本債券信用銀行と変更となったのちも星野は相談役として経営に携わった。

昭和五十四年（一九七九）没、享年八十五。

星野はこの特集号で次の様に述べた。

歪められた松平容保公

今日、わが国が明治百年を迎えるに当って、まず私の感慨を深くすることは、明治時代におけるわが国の政治家、軍人、実業家、文化人、教育者等々が日本の諸制度確立のために、幾多の真面目な努力を重ねた結果、我が国をして世界有数の大国にまで発展、育成せしめた。その鴻業《こうぎょう》に対しては、満腔の敬意を表するにやぶさかならざるものである。

しかし、明治維新前後の歴史が重大な誤りを訂正せらるることなく、今日に及んでいることは誠に遺憾に堪えないのである。

明治百年を迎える今日に当り、これは正確な記述に改めてもらわねばならないと思う。

これまでの明治維新史を見れば、会津藩の藩主松平容保公は、「錦旗に抗し」、「詔勅に逆った」と賊軍の首魁であるというように記されている。

そもそも戊辰の戦役による会津藩の悲劇は、文久二年に会津九代目の藩主松平容保公が、幕府から京都守護職への就任方を慫慂《しょうよう》せられ、これを再三に亘って辞退し続けたのであるが、福井藩主松平春嶽や徳川慶喜等の執拗なる勧説を受け、遂に断わりきれず、これを引き受ける結果になってしまった。

この京都守護職の受諾が、後年天下の大軍を一気に引受け、戦いに破れて、思わぬ〝朝敵〟の汚名迄を浴びせられるに至った遠因である。

松平容保公の京都守護職在任中は、常に表裏の別なく、孝明天皇に対し、専ら忠誠の限りを尽し、ひたすら皇帝のご身辺を守護し奉る一念のみであった。

また天皇の容保公に賜った信頼と愛情とは、凡そ逆賊とか、乱臣とか称うるには程遠いものであった。

孝明天皇と松平容保公の間柄は、後醍醐天皇と楠木正成との間柄にも髣髴《ほうふつ》たるものがあって、ただ単に形式的な君臣の間柄というが如き関係を遙に超越した底深いものであった。

この辺の事情は、当時天皇より賜った拝領の品々や宸翰《しんかん》等々を見ただけでも想像がつくであろう。

朝敵の汚名

孝明天皇が崩御せられて後の京都の政治情勢はにわかに急変して、薩長側の公卿や策士の権謀術数によって、思うままに動かされるようになり、遂に、「会津藩討伐すべし」との勅命（当時明治天皇は数え年十六歳の幼帝）が下さるるに到った。

この結果、会津藩は官軍からの攻撃を受けて、遂に慶応四年（明治元年）九月二十二日、幾多の悲壮な物語を残して城は落城したのである。

その後、会津藩主松平容保公は〝朝敵〟の汚名を被せられて、それまでの二十三万石の領地を没収せられ、青森県の斗南藩に移され、その知行は三万石に減石させられたのである。しかも三万石とは名ばかりで、実収は七千石にも充たなかった。

その上、斗南地方は酷寒、不毛の地であったので、従来からの藩士達は、衣食に窮し、その多くの者は、或いは北海道に移住し、または東京に出て職を求め、また一部のものは、郷里の会津に戻り帰ったものもあった次第である。

藩は四分五裂して悲惨な話は次から次へと後を絶たなかった。

かように会津藩は明治初代の政府からもろもろの懲罰的迫害を被ったのである。

日本が第二次世界大戦で惨敗し、アメリカ軍に占領されていた頃、当時、生き残りの会津藩の古老たちは、維新当時の惨状を回想して、明治政府の会津藩に対する措置よりもアメリカ軍の占領政策の方が数段寛大で楽なものであると、述懐していた程である。

史実の書きかえを

想うに、明治の維新は一種の革命であったのであるから、その当時は様々の陰謀や暗殺等のあったことは、当然といえば当然であったかも知れぬ。

孝明天皇の死因や十四代将軍徳川家茂（孝明天皇のお妹和の宮が降嫁しておられた）の変死等についても、様々の説が流布されているようだ。

私は今さらこれを咎め立てしようという考えはないし、また当時の藩公を初め、藩士の各位が、長い間、艱難辛苦《かんなんしんく》を嘗《な》めたことに対しても、今さら愚痴を零《こ》ぼそうとするつもりは毛頭ない。

ただただ、維新当時の歴史が明治、大正、昭和を通じて如何にも事実が故意に歪曲して伝えられ、最も孝明天皇の忠臣であった松平容保公が逆賊であるように書かれていることに対しては、我慢がならないのである。

私は明治百年を迎える今日を契機として、この誤れる史実が正しく書き改められることを衷心《ちゅうしん》より訴えたいのである。

かくて始めて地下に百年の間、汚名に憤死した会津藩士の亡霊も、今後安らかに永眠することができるであろう。

これは薩長中心の「勝てば官軍、負ければ賊軍」の日本近代史に対する会津人の痛烈な批判であった。

これは貴重な提言といえた。

明治百五十年、星野の提言も当然、議題に上るに違いないだろう。

また星野は自分の『回想録』で郷里会津若松の中学時代をこう回想していた。

白虎隊と会津中学

私の故郷は、東に猪苗代湖をひかえ北に会津磐梯山を望む風光明媚な景勝の地であり、また市内外に白虎隊の古戦場があり、自然、私は子供のころからこうした風土的な感化を強く受けた。

とくに会津中学にはいってからは、白虎隊の士風を継いだ会津魂を吹き込まれた。会津中学は、はじめは私立の中学であった。かの有名な戊辰の役で、わが会津藩は敗戦国となったので、中学などは普通ではできなかったのであるが、禄を離れた士族連中が、このような世の中になってこそ子弟の教育に最も力を入れるべきだと、かねて政府より下付された乏しい秩禄公債《ちつろくこうさい》を出し合って資金をつくり、日新館（藩政時代の武士の子弟を教育した学校）の跡に私塾学校を建てた。

これが後に県立会津中学となったのである。（なお正確には、明治二十三年に私立会津中学創立、明治二十四年に県立会津尋常中学となり、明治三十三年に、会津中学校と改称した）

私は明治三十九年に会津中学にはいったのであるが、よく校長や教師から日新館時代のスパルタ式教育について聞かされ、

「われわれの中学は普通の学校とはちがうのだから先輩の顔をよごすようなことがあってはならぬ」

と盛んに叱咤されたものだった。

上級生、下級生の区別はまことに厳格であり、町の中で上級生に会って欠礼でもしようものなら鉄拳制裁を加えられたものである。

また、寒中といえども足袋をはくことを禁ぜられたうえ、体操の時間にはよく雨天体操場の板の間を素足で走らされたものだ。

会津中学からは毎年一、二名は必ず第一高等学校と海軍兵学校に合格していたが、中学の運動会の名物だった騎馬競争は、海軍兵学校に入った先輩連中が兵学校の棒倒しをまねて移入したもので、まことに蛮風きわまるものであった。

ゲンコツでなぐり合って血を流すぐらいのことは平気で、時には人事不省《じんじふせい》者が出るようなことも珍しくはなかった。

明治四十年（一九〇七）ごろ大正天皇が、まだ皇太子殿下であらせられたころ会津へ行啓《ぎょうけい》されたことがある。桂太郎氏（陸軍大将・侍従武官長）がお伴をしていたように記憶しているが、そのさい会津中学に立ち寄られることになった。

当時の校長は浅岡先生といい、長い間学習院の教頭を勤められた信望あつい古武士風の教育者であったが、殿下にぜひ当校の騎馬競走をご覧に入れ、会津魂の片鱗を見ていただこうということになった。

ところが、下検分にきた宮内庁の役人が、このような殺伐な催しを殿下にご覧に入れて、もし、「殿下は殺伐の風を好まれるようだ」というような風評でもたつとまずいからと反対され、この催しは中止となったことがあった。

当時、最難関の第一高等学校に、一、二名が合格したというから会津中学校のレベルは、かなり高いものであった。

この白虎魂が星野の全身を貫いていた。

伊東正義

会津からはいまだに総理大臣は生まれていない。長州からは初代総理伊藤博文、三、九代山県有朋、十一、十三、十五代桂太郎、十八代寺内正毅、二十六代田中義一、五十六、五十七代岸信介、六十一、六十二、六十三代佐藤栄作、そして九十代、九十六代、現総理の安倍晋三の八人である。

対する会津は一人もいない。

勝者と敗者の違いがはっきり出ている。

そうした中で、大平総理が急逝して以来、国民から再三、総理待望論が出た人物がいた。

会津若松出身、会津藩士末裔の伊東正義《まさよし》である。

下級武士の家柄

伊東の生家は会津藩の下級藩士であった。会津藩には四家の伊東家があった。本家は会津藩校日新館の教授であった。

正義の先祖はその分家である。正義の祖父健輔は戊辰戦争に参加している。斗南にも行き、苦難の生活をしいられた。その弟は御典医《ごてんい》を務めていたと言われる。飯盛山で自決した白虎隊士伊東悌次郎は、一族であった。

父は会津中学の第一回卒業生、学校に残って教師になった。貧困のため上級学校へ行けなかったことを悔やみ、子弟教育に力を尽くした。長男秀雄は新潟医学専門学校を卒業し、会津若松で開業した。二男建義は第三高等学校から京都府立医科大学を卒業したが、ニューギニア戦線で戦死した。長女千代子は奈良女子高等師範、次女登美子は福島師範を卒業し教壇に立った。旧制帝国大学に進学したのは正義だけだった。

母は昭和三年七月に没した。正義が十四歳の時である。父は昭和十一年九月、正義二十二歳の時に没した。

着物に袴

会津中学時代、彼は士族の子なので通学には「モンペではなく着物に袴」であった。

伊東の生家は善久町《ぜんきゅう》と呼ばれる職人の街にあった。庶民的感覚を身につけ得る場所だった。


小学校時代から運動大好き、小学校五、六年の全会津陸上競技大会では短距離五十メートル、百メートル、二百メートルの三種目で優勝した。

また野球が大好きで、四年の時からレギュラーでピッチャーだった。六年生の時、若松地区の決勝で延長十五回を一人で投げぬいた。終生、趣味は野球だった。

伊東は、大正十五年（一九二六）四月、旧制会津中学校に入学した。定員は二百人（四クラス）であった。彼は入学後に行われた生徒大会で新入生代表として挨拶した。

伊東は、旧制浦和高校（現埼玉大学）から東大法学部に進み、農林省に入った。

満州の興亜院《こうあいん》に出向していたときには、刎頸《ふんけい》の交わりとなる大蔵省の大平正芳《まさよし》と机を並べた。終戦まで上海や南京で暮らした。

大平曰く。

「酔えば必ず『男いのちの純情』を歌い、酔っぱらうと、どこにでもごろんと寝てしまう奇癖の男だった」

東京の自宅が空襲で焼けたため、大平の家に同居したこともあった。

気骨の人

農林省では、食糧庁業務第一部長時代、鳩山一郎内閣の農林大臣河野一郎と激しく対立した。河野が米を自由化する構想をぶち上げたとき、

「そんなことはできない。時期尚早だ」

と強硬に反対し、怒った河野は、伊東を東京営林局長に左遷、さらに名古屋営林局長に飛ばした。

河野は頑として自説を曲げない伊東に惚れ、再び農林大臣になると、伊東を水産庁長官、農林事務次官と官僚の頂点におしあげた。

大平内閣の朝日新聞首相官邸クラブ責任者だった国正武重《くにまさたけしげ》の『伊東正義・総理のイスを蹴飛ばした男』にくわしい記述がある。

これを読むと、

「ならぬものはならぬ」

という会津武士を彷彿《ほうふつ》とさせる男、それが伊東だった。

退官後、伊東は大平の勧めで、会津若松から立候補、衆議院議員になった。自民党大平派に所属し、たちまち頭角を現した。

ゴルフはだめ

伊東はゴルフがきらいだった。

「あれは庶民からかけ離れている」

とかたくなだった。

農林次官時代に業者とのゴルフを禁止、自分は絶対にやらなかった。若いころ、腰に手ぬぐいをさげ、汗をふきふき仕事に励んだ伊東らしい感覚だった。

当選九回。昭和五十四年、第二次大平内閣の官房長官として初めて入閣するが、大平は、伊東官房長官の目を盗んでゴルフに出かけていた。

「大平は止まった球しか打てないから仕方ないか」

これは黙認だった。

第一次大平内閣のとき、自民党は分裂し、大平内閣は事実上の少数与党内閣だった。四十日抗争の後、大平は衆議院解散、総選挙に踏み切り、大平はそれに勝利し、第二次大平内閣を発足させた。

伊東は官房長官として大平を支えた。大平は外遊を重ね、米国、メキシコ、カナダ、ドイツを歴訪、各国首脳と会談を重ねたが、国内政治は安定せず、社会党が内閣不信任案を提出すると、反主流は、採決に欠席し、可決に追い込んだ。

「なんだあいつらは」

伊東は、反主流派を憎んだ。

大平急死

このとき反主流派は三木、福田、中曽根の三派陣営という強力布陣だった。大平は僅差で勝利したが、衆参同日選挙突入となった。

大平は第一声を新宿での街頭演説で上げたが、途中で気分が悪くなり、狭心症か、心筋梗塞の疑いが出て翌朝、虎の門病院に緊急入院する事態になった。五月三十一日のことだった。

大平は一時期、元気を取り戻したが、迫りくるサミットのことが政界の関心事になっていた。

医師団は出席困難を伝え、首相退陣必至の記事も新聞に出た。しかし伊東はどうしてもサミットに出席してほしかった。

六月十二日午前二時、突然異変が起こった。

知らせを聞いて伊東はすぐ病院に駆け付けた。既に大平の意識はなかった。

伊東は拳を握りしめて痛哭した。

選挙は自民党が大勝した。

その間、伊東は臨時首相代理を務めながら選挙を取り仕切り、自民党を圧勝に導いた。

伊東は黙々と葬儀の準備にあたった。大平の控えめな人柄を汲んで、国葬とはせず、内閣・自由民主党合同葬とした。

合同葬儀場の日本武道館には六千人の参加者があった。

葬儀委員長

伊東は葬儀委員長を務め、

「大平総理、あなたは、平生信義真を守ること厚く、友誼を重んじ、遠謀深慮、ひとたび決意するや、その所信を貫かねばやまぬ人でありました。その生涯は文字通り、邦家のため、国民の為に捧げ尽くされました。

そして七十年の生涯を、政戦のさなか、不慮の病死によって閉じられたのであります。

本日はここに永別の時を迎え、在りし日の温容を偲び、万感胸に迫って、言語に絶するものがあります」

伊東は涙ながらに大平を見送ったのだった。

大平の墓は、東京と郷里の香川県にあり、墓石の裏面には、伊東の撰書になる次の文字が記されている。

君は永遠の今に生き
現職総理として死す
理想を求めて倦まず
斃れて後已まざりき

（『大平正芳回想録』）

このとき加藤紘一、堀内光雄ら宏池会の若手が総理後継を模索したが、伊東は断り続けた。

リクルート疑獄

当時、朝日新聞編集委員の国正武重は、

「リクルートコスモスの未公開株の譲渡問題を巡って竹下総理、中曽根前総理、宮沢副総理、安倍幹事長（現安倍総理の父）ら、政府、与党のリーダーの名前が登場した。塚本民主党委員長まで関係していた」

と署名記事を書いた。

竹下首相は退陣、流れは一気に伊東正義を後継総理にという声が強まった。

これに対して伊東は、

「表紙だけかえてもだめだ」

と総理就任を固辞し、会津初の総理大臣は実現しなかった。

今もそうだが、自民党政権は激しい派閥争いを展開しており、地元会津若松の有力者も
「自らの派閥を持たない伊東が総理を受けても松平容保公の二の舞になる」

と反対した。

昭和五十五年六月の話である。

当時、私はまだ現役のジャーナリストだった。

衆議院議員会館に伊東先生を訪ね、心境を伺ったことがあった。

「わたくしに期待する声もあるが、総理はね、誰でもなれるものではない」

と笑顔で答えるだけだった。

佐藤喜春

全中会長を目指す福島県農協五連会長佐藤義春もこのころ衆議院第二議員会館に伊東を訪ねていた。

「先生。大変な騒ぎですな」

「なあに、マスコミが勝手に騒いでるだけだ」

伊東はいつもと変わらぬ淡々とした口調だった。伊東の部屋ではテレビカメラマンが右往左往し、番記者が廊下まではみ出していた。

佐藤は会津若松の伊東の自宅を何度も訪ねていた。そこは後援会事務所兼自宅で、六畳ぐらいの部屋が四つだけで、風呂もない。

「どれ」

と近所にもらい湯していた。

「これほど純粋な政治家はほかにいねえな」

佐藤はそう思っていた。

「先生、県民はみんな総理をのぞんでおりますが」

「そういうことを言わんでくれ。カミさんも承知すまい」

伊東は総理の話に全くのらなかった。

「難しいな」佐藤は直感的に思った。

一つは健康問題があった。

この年、二月五日会津若松で行われた国政報告会で、伊東はよろめき、周りの者が抱きかかえる騒ぎがあった。糖尿病の持病があった。

政治家にとって健康の不安は致命的だった。

伊東正義については、会津の人笠井尚《かさいひさし》『最後の会津人伊東正義』に詳細な記述があるが、それによると、伊東は側近の加藤紘一に、

「受けようと思ったこともある」

と漏らしていた。健康であれば、だった。

佐藤は伊東の支援もあって第八代全中会長に就任したが、肺がんが発覚、任期途中で、命を落とした。

当時、福島県知事は伊東が推した佐藤栄佐久《えいさく》だった。五選後、失脚した。伊東にはどこか孤高の影があった。

おれは長州が嫌いだ

伊東は、鈴木善幸《ぜんこう》内閣の外務大臣になった。

「今日はオフレコだよ」

伊東は外務省の記者団とよく懇談した。

ある時、伊東はこういった。

「ここに山口県出身の記者はおるか」

皆、きょとんとして顔を見合わせた。

「はい」

といった記者はいなかった。

「そうか」

伊東はうなずき、

「俺は長州が大嫌いだ。長州は会津でさんざん悪事を働いた」

といった。

それが一度や二度ではなかった。

「外務大臣がそうおっしゃったのだ。よほど腹に据えかねるものがあったのだろうな」

このときの読売新聞の番記者が、のちに福島中央テレビ社長になった北原健児さんだった。

伊東はあまり歴史を語らぬ人だったので、私は正直驚いた。伊東は煮えたぎる思いを長州にいだいてきたのだった。

もうひとつ、伊東には大平内閣時代、執拗に大平打倒に走った、どちらかといえば長州系の自民党幹部に対する怨念もあったのではないか。

国正武重の著書『伊東正義・総理のイスを蹴飛ばした男』に、注目すべきコメントがあった。

当時の自民党幹事長安倍晋太郎も伊東に会い、説得に当たった。しかし、伊東は安倍に不快な感じを抱いていたようだった。派閥解消に消極的で、伊東には何も相談したことがなかったなど、気に入らないことがあった。ある時、伊東は、国正にこんなことも話していた。

「オレは会津、安倍君は長州、戊辰戦争の時の恨みがあるから、はいわかりましたというわけにはいかんのだ」

「そうか」

私は伊東が終生、長州憎しを胸中深く抱き続けてきたことを知り、感動した。

会津若松市長を務めた高瀬喜左衛門さんの発言、「長州と仲よくはするが、仲直りはしない」が神の声だとすれば、伊東の声は、「天の声」ではあるまいか。

私はそう思った。

理不尽な明治維新への思い

平成三年八月在職二十五年永年議員表彰を受けた。このころから持病の糖尿病が悪化し入院生活に入った。彼は健康状態を考え、政界引退を決意した。

平成五年一月二十九日付けで地元後援者にその意を伝え、政界を引退した。

「私はいかなる時も自分の信念に基づき行動し、ならぬものはならぬの精神を胸に、嘘をつかず国民から信頼される政治を心掛けてまいりました」

と述べた。

伊東は平成六年五月二十日、八十歳で永眠した。東京中野の宝仙寺で行われた葬儀では、政治改革を志した盟友、後藤田正晴が弔辞を読んだ。

あなたは政治家の中では珍しい愚直なまでの潔癖漢でもありました。こうした姿勢を貫きとおしたことに、私はすがすがしさ、美しさすら覚えます。この潔癖さこそが今の政治に最も大切なことだと思います。

と伊東をたたえた。

没後八年の平成十四年十一月三十日、伊東の遺徳をたたえる人たちによって、会津鶴ヶ城の一角に銅像が建立された。

等身大、城に向かって指差す姿である。

伊東が胸に抱えてきた理不尽な明治維新への思い、それにどう応えるか、明治維新百五十年、会津の人々に課せられた課題は重すぎるほど重い。

私は会津若松の大内さんに聞いた。

「そうかあ、伊東先生の声はまさしく天の声だなあ」

彼はつぶやいた。

「あなたは、ジャーナリストだから、多方面の声を聴かなきゃならんだろうが、俺は決定だね。和解はないね」

声に力がこもっていた。

9　明治維新群像

鼻つまみ

薩長、とくに長州はテロの巣窟と言われる。

当時、高杉晋作の子分たちは、殺人、放火、なんでもありだった。

彼らが作り上げた奇兵隊について、一坂太郎氏から興味ある話を聞いた。

ある熱い日、一坂氏は萩で講演会があり、終わって帰ろうとすると、一人の老人につかまった、その老人が言った。

「奇兵隊などというのは、どこにも行き場のない荒くれ者の集まりだった。仕方がないから奇兵隊にでも入るか、ということだった。やれ、あの家の鼻つまみが奇兵隊に入ったとか、町の者は噂した」

と話したという。

テロリストから政府高官へ変身した伊藤は、テロ事件との関わりを聞かれても「我が輩はよく知らん」と答えていた。

会津藩の場合

東京大学総長を務めた会津藩の山川健次郎は会津藩校日新館時代を振り返って、「当時は、地理も世界史も教わらなかった」と語った。

勉強といえば、論語や什《じゅう》の掟の暗唱が中心だった。什とは親に孝を、兄弟仲良くといった道徳教育である。

当時はどこも、そのようなものだった。日本の教育は閉鎖的で、世界のことには触れなかった。この世にはアメリカもあればイギリス、フランスもある。広大な中国という国家もある。幕府はそれを教えなかった。

それが逆に自分の首を絞めることになる。あとで登場する松代の佐久間象山は孔子廟がある学校はだめだといい、松代の文武学校は、儒教の匂いを一掃した。

私は一度、ここを訪ねたが、明治時代の小学校の造りだった。

これは一理ある話だった。

国学者の限界

日本の知識人は国学者が多かった。

国学者の思考の原点は日本国だった。日本こそ世界一という一人よがりの学問だった。世界は広く、多くの民族がいる。世界の中でどうしたら日本は生き残れるのか、どうしたら世界とともに生きるかという発想は皆無だった。

公家の沢宣嘉《のぶよし》を戴いて挙兵した平野国臣もその範疇の人物だった。

平野は福岡生まれの国学者で、日本至上主義の狂信論者だった。

独自の烏帽子《えぼし》、直垂《ひたたれ》を考案し、横笛を吹いて歩くという奇行の持ち主だった。

平野は囚われて京都に送られ、元治元年（一八六四）の禁門の変の際、六角の牢で同志とともに斬られてしまう。

当時の国学者はなぜこうなってしまうのか。これは日本の学問体系の一大欠陥だった。

晋作はカメレオン

その点、高杉晋作や西郷隆盛の方が、幅広い思考をもっていた。

晋作は外国に占領されたら、国民は奴隷になるのを上海で目撃したし、西郷は自分を育ててくれた主君島津斉彬から世界を学んでいた。

この時期、長州藩上層部にとって吉田松陰の門下は依然、乱民、テロリストだった。

晋作は、両方が分かる人物だった。

幕府を倒すと叫び続ける久坂玄瑞の路線に、違和感を覚え、自分は天の志で行くという言葉を残し、文久三年（一八六三）、京都で剃髪して東行《とうぎょう》と号し、萩の山奥に隠棲してしまった。

しかし、いざというときは、超過激派に変身した。晋作はカメレオンのように変化の天才だった。だから革命を起こすことが出来たのかもしれない。

五代才助

薩摩に五代才助《ごだいさいすけ》という男がいる。

父親が琉球貿易に関係していたので、少年時代から海外に関心を抱いていた。長崎海軍伝習所に入り、オランダ語を習得し、蒸気船の運用にもたけており、船長に抜擢されたが、戦う前に拿捕されてしまった。薩摩藩内部では、

「あいつ、命が惜しくて降参したのだ」

と問題になったが、五代は薩摩藩の攘夷思想にほとほと嫌気がさしており、開国に目覚めさせるきっかけを掴もうと、自ら捕虜になったと後年、語った。

五代はイギリスから釈放されても薩摩には戻らず長崎に逃れ、グラバーのところに潜伏した。

これが大きな力を発揮することになる。グラバーは政商であった。武器弾薬を西南諸藩

に売り込むだけではなく、反幕府運動にも荷担し、幕府・フランス路線に対抗する活動家でもあった。

グラバーは喜んで五代をかくまった。

五代はグラバーと相談し、薩摩藩からイギリスに留学生を送ることを考えた。

自分の復権にもつながることだった。もともと島津斉彬公が考えた構想である。五代は薩摩藩に上申書を書き、二つの献策を行なった。

一つは上海貿易である。もう一つは留学生のイギリス派遣だった。

島津久光がこれを認め、五代の帰国を認めるとともに留学生の派遣に踏み切った。この辺が薩摩藩のおおらかなところである。

生徒は約七十人、そこから留学生を選んだ。

留学生は十三歳から三十一歳までの学生十二人で、引率者には大目付新納《にいろ》刑部《ぎょうぶ》、世話役に五代と渡欧経験者の松木《まつき》弘安《こうあん》（寺島宗則）が指名された。

五代は、晴れて拿捕の罪を許された。

会津藩ではありえない、抜け目のない連中が多かった。

幕末史を考える場合、そこが正直、難しいところである。

組織は一枚岩だけでは、危機に対応できない。毛色の変わった集団も抱えておく必要がある。

光子

明治百五十年、明治維新とは何だったのか。この問題に関するアプローチは、歴史の本を読みまくることだけではなく、自ら歩いて実感することが大事だと、私は考えている。

私の知人に鈴木晋さんという方がいる。

東京の方で早稲田大学の建築科を出て、大成建設に長年勤められ、昨今定年を迎え、「先祖探しの旅」に出た。

このほど一冊の本にまとめられ、送っていただいた。

冒頭に、

「自分の手元に、幕末維新の会津藩を生きた三人の先祖の手記がある。

私の曾祖母・光子の回想記『光子』、光子の父・鈴木丹下《たんげ》重光の『騒擾日記』そして光子の母方の祖父・小野権之丞《ごんのじょう》義忠の『小野権之丞日記』である」

とあった。

私は仲間を集めてわいわい騒ぐのが好きで、戊辰戦争研究会という同好会を立ち上げ、楽しんでいた。

ところが四年前に病気をわずらい、加えて会の運営もなかなか大変で、会長をどなたかお引き受けいただかないと会運営が困難になった。

その時、お願いしてお引き受けいただいたのが鈴木さんだった。

鈴木さんは、れっきとした会津藩士の末裔であり、しかもご先祖は会津藩の歴史に登場される方々ばかりだったので、これほど会長にふさわしい方はほかにいないと、私が鈴木さんにお願いしたのだった。

お引き受けいただいた時は、肩の荷が下りた思いだった。

鈴木さんのご先祖、鈴木丹下の「騒擾日記」は会津と薩摩の宮門クーデターで京都を追われる公家に家族の哀れな姿を描写していた。

小野権之丞は会津が敗れた後、榎本艦隊で蝦夷地に向かい、箱館病院の事務長を務めた。

京都で交友があった薩摩兵を通じて黒田清隆と榎本武揚との会談をセット、箱館戦争を終結に導いた。

光子はたくましい生活力で、斗南での暮らしを生き抜いた。

鈴木さんは、先祖の生き方に触れ、人間はたとえ苦境に陥っても生きる力があると感じた。

鈴木さんの影響で、戊辰戦争研究会は、多チャンネルで明治維新を見つめているようである。

会津人群像

会津若松に本社がある歴史春秋社は、このほど『会津人群像』明治維新一五〇年特集号を発刊した。

『明治維新という過ち』、『官賊と幕臣たち』、『大西郷という虚像』の三部作で幕末維新を鋭く斬りまくった原田伊織さんが、「平成日本へ尋問の筋これあり〜会津戦争は戊辰戦争に非ず〜」を特別寄稿されていた。

このところ原田さんの登場で、明治維新見直し論は、高まる一方である。この特別寄稿で原田さんは、

「私怨を晴らすための全く大義も名分もない戦を仕掛け、会津城下において我が国の歴史に消すことのできない残虐非道な行為の傷を付けた薩摩、長州、そして土佐。指揮を執った長州山県有朋、薩摩伊地知正治、土佐板垣退助の戦争犯罪人としての「始末」は、まだ済んでいない。いうまでもなく、このことに関する岩倉や木戸、そして西郷・大久保の戦争犯罪も無視することはできないのである」

と激しく山県有朋らを糾弾した。

私は同じ雑誌に、「明治維新百五十年、我々は日本の近代史を再検討しなければならない。会津からその声があがることは、当然であり、連帯の輪が全国に広がることを期待したい」と寄稿した。

会津史学会会長の間島勲さんは「恩讐を超えて」と題して長州との和解を主張した。会津では数少ない和解論である。それだけに貴重な提言だった。

戊辰戦争の敗戦後、斗南藩の立藩によってほとんどの会津藩士とその家族は斗南の地（青森県）へ移住した。しかし、ここは酷寒の不毛地帯であり、多くの人々が筆舌に尽くし難い辛酸を嘗めたことは、周知の事実である。

かつて司馬遼太郎氏は――一国すべての人々を流刑にするような事例は、世界のどの国の歴史にもない――そのようなことを書いておられたが、まさにその通り過酷極まるものであった。

翻って史実にあたってみると、明治二年には「版籍奉還」がある。これによって、新政府軍として戊辰を戦った薩長をはじめとする諸藩の武士たちもまた、旧主からは恩賞として与えられるものは無かったのである。このためその後、九州地方を中心に士族の反乱が頻発している。

だが、旧会津藩士たちが主体となっておこした反乱は一度もない。これを無気力と見るよりは、良識であったとしたい。このことは旧主松平家にあっても温和であった。

容保の三男英夫は軍人となったが、旧長州藩士山田顕義の女婿となって山田伯爵家を継いでいる。そして四男の恒雄は旧佐賀（肥前）藩主鍋島直大の四女信子を娶っている。この間に生まれた長女が後に秩父宮妃となった勢津子である。

また、徳川慶喜の孫にあたる公爵徳川家正は旧薩摩藩主島津忠義の九女を娶り、その長女豊子は恒雄の長男一郎（勢津子の兄）に嫁いでいる。

このように、旧会津藩主の一族はかなり早くから薩長の人々と婚姻関係を結んでいるのである。これを諦念とするよりは、むしろ不幸な戦争によって生じた両者の怨念を乗り越えることによって、新しく時代を生きようとする意志のあらわれだったと見るべきではあるまいか。〝怨念〟だけからは何も生まれはしない。

『戊辰怨念の深層』

これに関連し、長く会津高校教諭を務めた畑敬之助氏の『戊辰怨念の深層―萩と会津、誇り高く握手を―』と題する作品もあった。平成十四年刊。

畑さんは宮崎十三八さんと旧制会津中学の同級生だった。仙台の旧制二高、東北大法学部方に進み、帰郷して母校の教師になった。この作品の前書きで、畑さんがこう論じた。

今から五九年前、小生一七歳。笈《きゅう》を負って仙台に学び、たまたま寮のある発表会で「白虎隊論」をしゃべったとき、その独善的―正義感・悲壮感・主観主義をこっぴどく叩かれた。目から鱗が落ちる思いがし、さすが日本は広いと思った。

折りに触れそれが頭を掠めることはあったが、まさか私が郷土史の徒になろうなんて思ったことはなかった。

昭和四十年代末「会津史談会」に入り、永いこと会費会員でいたが、なぜか会津の人々の潜在的感情としての、長州への怨念なるものが気になるようになっていった。

ちょうど一〇年前、あるご縁で、山口県徳山市の出版社「マツノ書店」から復刻版『防長回天史』一三巻を購入した。長州の人々は戊辰戦争をどのように受け取っているのかが気になったからだ。

かなり精細に記述されたこの書物はとても参考になった。結果として戊辰戦争前の三年間、会津はかなり長州をいじめたことを知った。少ないが会津側の裏付け史料にもあたってみた。

初期段階では、長州にも会津にも公的名分がみえた。しかし次の段階では、長州の嘆願がなぜか朝廷（孝明帝）に届かず、ある研究書はその背後に、言路《げんろ》洞開《どうかい》のはずの会津の影を示唆した。言路のパイプは次第に狭まりついに私闘の形で爆発した。

会津はその後も問罪の名で、かたくなにみえるほどその正義感をごり押しして長州を追い詰めていった。会津は自らの一途さのために、外界が見えなくなったようだった。

明治維新が訪れたのはそのときだった。

今度は攻守ところを変え、新政府の圧力は遠慮なく会津に向けられた。会津人の感覚ではそれは約六〇年にも及び、当時の臥薪嘗胆《がしんしょうたん》の残像を、いま子孫は怨念という名で呼んでいる。ここではその怨念を分析し、客観資料に基づくもの、伝聞資料に拠るもの、そして「靄《もや》」みたいなもの、の三つに分けた。

この中で一番厄介なのが実体のない靄みたいな怨念だった。私は本文で、文字という知的記号を用いてその靄に挑んでみた。

最後に『防長回天史』の読後、五年前、山口・萩を旅し二人の識者の案内を受け、日々、彫りの深い風土性を楽しんだ。また数年前、萩と会津は、市民手づくり舞台劇の交歓もできた。

機は熟している。

席に着こうよ、萩と会津。

『防長回天史』の著者、末松謙澄は伊藤博文の娘婿。この本は旧長州藩主毛利家の文書を中心に編纂された。会津は徹底的に賊軍であった。したがって会津藩の関係文書との対比が必要である。

ともあれ明治百五十年、広い範囲からの研究、論議が必要になる。様々な意見に謙虚に耳を傾ける。これが大事である。私はそれを望んでやまない。

我々は文豪司馬遼太郎の明治維新に強く影響されてきた。

ここで考えなければならないのは、司馬さんは作家であり、小説の世界で司馬さんが司馬さんの世界の中で、歴史を描いてきたのであるということである。

会津人を含めて東北人は、史料を読み、研究者の論考にも目を通し、少々きつい作業ではあるが、明治百五十年を考えていかなければならないと思う。

ここで忘れてならない長州人がいる。

奥平謙輔《おくだいらけんすけ》である。

奥平謙輔

会津の侍は全員、捕虜として監禁された。

そこに旧知の長州藩士奥平謙輔から会津の知識人秋月悌次郎のもとに書簡が来た。

秋月が萩を訪ねた時、相手をしてくれたのは奥平だった。そこにはこうあった。

相見ないこと八、九年、時がたつのは早いものだ、お互いの運命は千里もはなれ、其の運命も朝に夕を計られぬ有様である。思えば貴国が幕府のために尽くしたことは至れりつくせりであった。もし貴国がなかったら徳川家の亡霊も浮かばれなかったであろう。臣下としてその主のためにすることは当然である。

古語に、

「他山の石でわが玉をみがく」

とあるが、長い間、その石はなかった。今貴国だけがその石である。それを広げて天下をして玉をみがかせれば、天下全体がそのようになり、私の藩もその恩恵を被るだろう。

奥平は会津藩の戦いぶりを見事だと称賛した。後にも先にもこうした言葉をかけた長州藩士は、奥平一人であった。秋月は涙を流してこの手紙を読んだ。

秋月の返書は長文だった。


御書面、何度も拝見いたしました。懼《おそ》れまた愧《はず》かしい事である。

老君容保公は東帰して過ちを思い、使いを列藩に遣わし、朝廷に謝罪した。

君臣は恐れつつしみ、武器をすて降伏した。土地を奉還し、兵器を納め、罪を待っている。

弊藩の罪は朝典に載《まか》せん。重い刑罰でも甘受する處である。

会津の人々は頑固である。今は決然、死地に入る覚悟である。

この時に於て、立派な採決を与えていただければ、会津人は国家のために忠勇剛武、これまで数倍の働きをなさん。それを知るのは貴君である。

前列左から、前原一誠（長州藩士）、河井善順（会津僧侶）
後列左から奥平謙輔（長州藩士）、広沢安任（会津藩士）、永岡久茂（会津藩士）
明治３年（1870）９月29日撮影　　（三沢市先人記念館　所蔵）

伝えていわく。君子は許すことを知る。小人は知らず。

堂々たる返書であった。しかしこの返書は木戸孝允によって無視された。

明倫館の秀才

奥平は天保十二年（一八四一）、長州藩士の子弟として萩城下に生まれた。

藩校明倫館の秀才といわれ、萩を訪れた秋月と肝胆相照らした。

文久三年の下関戦争では先鋒隊士として参戦。戊辰戦争では干城隊の参謀として報国隊、奇兵隊とともに長岡、新発田、新潟を転戦した。

いつも会津のことを気にし、秋月に手紙を寄せたのだった。

秋月は感激し、捕虜収容所を脱走して新潟に向かい奥平に会った。

「会津の子供の面倒をみていただけないか」

秋月は奥平に懇願した。

「秋月先生のお願いを聞かないわけにはまいりません。喜んで面倒を見よう」

奥平は約束した。

秋月は二人の少年を連れて新潟に向かい、奥平に書生としてつかってくれるよう依頼した。二人とも優秀な少年だった。

山川健次郎

一人、山川健次郎は、その後、アメリカに留学。名門エール大学を卒業して帰国、東京帝国大学総長を務め、その後、京都帝国大学総長、九州帝国大学の初代総長を務め、会津の復興に甚大な力を発揮した。

もう一人は、陸軍に入り近衛師団の工兵大隊長を務めた小川亮である。

山川は自分の書斎に奥平謙輔の写真を飾り、終世恩人として尊敬崇拝した。

長州嫌いの会津人も奥平は別格だった。長州を訪ねた時は必ず奥平の墓前に焼香するのが常だった。

平成七年には当時の会津市長の山内日出夫が奥平謙輔の墓に詣でていた。

私も萩に出かけた時、奥平の墓前に焼香した。墓は長州藩の重臣が埋葬された一画からは遠く離れ、墓石も小さいものだった。

奥平は明治二年に越後府権判事として佐渡に赴任する。その時、山川健次郎も一緒だった。

「山川は会津のこどもだ」

と皆に紹介し、弟のように可愛がった。毎日のようにフグを食べさせられたと山川は記録に残している。

奥平の佐渡勤務は短く、同年八月には職を辞し、郷里に戻った。

以来、新政府の方針に不満を募らせ、明治九年（一八七六）には前原一誠を盟主に萩の乱を起こしたが、敗れ命を落とした。

敵に塩を送ることも大事である。

完全和解はなくても、奥平の顕彰は重要だろう。どこかに友好の糸を残しておく、これなら伊東先生も、

「よかろう」

と認めてくれるに違いない。

会津VS.長州、まだまだ本音の討論はなされていない。そのきっかけが、明治維新百五十年と私は考える。

あとがき

東北、越後が仕掛けられた戦争の結果、賊軍にされてしまったといえば、西国はいつまでも幕府にこだわっていては、近代国家は生まれなかったといい、意見は真っ向対立である。

不幸な近代国家の誕生だった。

世界史的に見て革命には、暴力や戦争が付きまとっていた。中国革命、ロシア革命、見方を変えれば、おびただしい犠牲者の上に成就した。

問題は革命の中にも人道主義、博愛の心があったかどうかである。戦後の会津藩の処遇は、はっきり言って非人道主義に塗りつぶされていた。

私は、栃木県の北部を歩いて驚いたことがある。そこには明治の元勲の記念館がずらりとあった。

勝者と敗者のあまりにも異なる風景があった。

山県有朋記念館
長州の最高指導者、幕末から明治・大正にかけて軍人・政治家として活躍した山県有朋の記念館である。建物は現存する数少ない明治時代の洋風木造建築で、平成二年、栃木県有形文化財になっている。

乃木希典旧宅
乃木将軍として今でも親しまれている乃木希典も、明治二十四年、那須の地に広大な土地と農家造りの家屋を求め、自ら設計して農家風の質素な別邸を建てた。
昭和四十一年に栃木県の史跡に指定。

大山記念館洋館
明治の元勲大山巌（元帥、公爵）が明治十四年設立した大山農場を分割して建てた別邸。和館、洋館からなる大山農場の歴史を伝える貴重な建造物で、平成七年、栃木県の有形文化財に指定。

旧青木家那須別邸
道の駅「明治の森・黒磯」の敷地内に建つ洋館。明治時代にドイツ公使や外務大臣等を務めた青木周蔵の別邸で、ヨーロッパ式の建築技術を用いて建てられた建造物。青木邸の前には、四季折々の花が美しく咲き誇るハンナガーデンが広がり、那須のさわやかな風に吹かれながら散歩が楽しめる。平成十一年、国重用文化財指定になっている。

どうして、那須、黒磯周辺にこんなにあるのか。それは薩長の官軍勝利の地だったからに他ならない。那須に御用邸が作られたことも関係しているだろう。

戦争に敗れた東北越後が、何かと後れを取ったことは、事実である。

ただし学校だけは、会津を除いて全国平等に作った。仙台は別格、旧制二高、仙台医学専門学校、仙台高等工業学校、その上に東北帝国大学が設置された。

米沢には高等工業学校、新潟には、新潟高校と新潟医学専門学校、長岡にも高等工業学校があった。

山形には山形高校、盛岡には盛岡高等農林学校、弘前にも弘前高校、弘前医学専門学校ができた。しかし会津若松はなにもなかった。

皮肉っぽく福島市に福島高等商業学校を作った。これは明らかに差別であった。

問題は未来である。

猪苗代湖畔で生まれた世界の医聖、野口英世は渡米し、ペンシルベニア大学で細菌学を学んだ。会津の山川健次郎はエール大学の卒業生である。

福島県は原発事故の被災県でもある。

私は会津の玄関、表磐梯・猪苗代に世界的規模の国際共同大学院大学ができないか、と機会あるごとに提唱してきた。

賊軍の会津の地は、世界をリードする研究センターへと変貌するのだ。

その暁には、会津と長州の確執、怨念も消え去っているに違いない。

幸い戦後、会津若松に公立大学法人会津大学、コンピュータ理工学部が開学した。レベルは高い。これをベースに世界規模の国際大学院大学を誘致することだ。

野口英世も山川健次郎もそれを熱望しているに違いない。伊東正義先生もそれが具体化すれば、「長州は嫌い」を変えてくれるかもしれない。

安倍晋三総理は、長州の出である。

伊東先生が、どこかうまが合わなかった当時の自民党幹事長安倍晋太郎は、総理の父親である。

福島復興支援のシンボルとして、磐梯山麓に人類の未来に貢献する学問の殿堂を建ててほしい。


最後に一つ。

会津対長州の行方だが、ごく最近、朝日新聞の2月27日付けの朝刊1面に「えっ」と驚く記事があった。

首相近づく在職1位という見出しで、こうあった。

官庁街に囲まれた東京・日比谷公園にある洋食の老舗・松本楼。1月24日夜、自民党の役員約20人が集まった。安倍晋三首相の通算在職日数が歴代6位になったことを祝う会合。あいさつに立った首相の口調は、なめらかだった。

「山口出身の総理は私以外に7人います。そのうち在職期間ベスト10人に入っているのが5人います」

そして続けた。「長ければ良いってものではありませんが、一番長いのは、桂太郎です。こんなことは東北では言えませんが」

明治から大正にかけて3度も首相を務めた桂。長州・山口の出身で、通算在職日数2886日は歴代1位。戊辰戦争では官軍の一人として東北で戦った。安倍流の「お国自慢」で笑いに包まれた宴席は乾杯に移り、安倍首相は牛ヒレ肉のステーキを平らげた。

ということで、和解は完全に困難と思ったのは私だけではなさそうである。

すべては今後の行方に注目である。

著者略歴

一九三五年、宮城県仙台市に生まれる。一関第一高校、東北大学文学部卒業後、福島民報社記者となる。福島中央テレビ役員待遇報道制作局長を経て独立、歴史作家の道を歩む。日本大学大学院総合社会情報研究科博士課程前期修了。

著書には『伊達政宗』『京都大戦争』（以上、さくら舎）、『偽りの明治維新』（だいわ文庫）、『新選組と会津藩』（平凡社新書）、『明治を支えた「賊軍」の男たち』（講談社+α新書）、『大河ドラマと日本人』『脱フクシマ論』（以上、イースト・プレス）などがある。

『奥羽越列藩同盟』（中公新書）で福島民報出版文化賞、『後藤新平伝』（平凡社）で日本交通医学会表彰、会津藩の研究でNHK東北ふるさと賞受賞、『国境の島・対馬のいま』（現代書館）で日本国際情報学会功労賞受賞。

星亮一オフィシャルサイト
http://www.mh-c.co.jp/

呪《のろ》われた明治維新《めいじいしん》
——歴史認識《れきしにんしき》「長州嫌《ちょうしゅうぎら》い」の150年《ねん》

二〇一七年四月一一日　第一刷発行
二〇一七年五月一五日　第二刷発行

著者　星《ほし》　亮一《りょういち》
発行者　古屋信吾
発行所　株式会社さくら舎　http://www.sakurasha.com
東京都千代田区富士見一-二-一一　〒一〇二-〇〇七一
電話　営業　〇三-五二一一-六五三三　FAX　〇三-五二一一-六四八一
編集　〇三-五二一一-六四八〇
振替　〇〇一九〇-八-四〇二〇六〇

カバー写真　会津若松市
装丁　アルビレオ
印刷・製本　中央精版印刷株式会社

ISBN978-4-86581-097-4